做一名"特级"班主任

黄莉萍 编

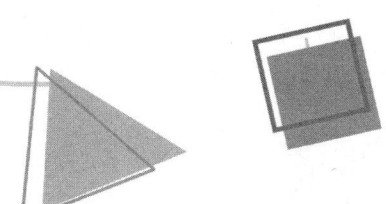
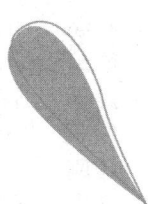

浙江文艺出版社

图书在版编目(CIP)数据

做一名"特级"班主任 / 黄莉萍编. —杭州：浙江文艺出版社, 2020.11（2021.3重印）
ISBN 978-7-5339-6320-0

Ⅰ.①做… Ⅱ.①黄… Ⅲ.①中小学—班主任工作 Ⅳ.①G635.16

中国版本图书馆CIP数据核字（2020）第228818号

责任编辑　陈　园
装帧设计　吴　瑕
责任印制　张丽敏

做一名"特级"班主任

黄莉萍　编

出版	浙江文艺出版社
地址	杭州市体育场路347号
邮编	310006
网址	www.zjwycbs.cn
经销	浙江省新华书店集团有限公司
制版	杭州天一图文制作有限公司
印刷	杭州杭新印务有限公司
开本	880毫米×1230毫米　1/32
印张	9.25
字数	168千
插页	1
版次	2020年11月第1版
印次	2021年3月第2次印刷
书号	ISBN 978-7-5339-6320-0
定价	45.00元

版权所有　违者必究
（如有印刷质量问题，请寄承印单位调换）

遇　见

坦白说，汇编这本书的速度极慢。

全因着我的贪心。

在截稿的最后时间里，依然希望能多约一篇，再多一篇，希望给读者奉上的"餐食"能更丰盛一些。

这样的"行径"，颇似一只在海洋中捕食的企鹅，希望肚皮能吃得更圆一点，再鼓一点。

是的，和企鹅一样，我们都希望奉上的"餐食"能更丰盛一些。

只是，我的"捕食"时间，四年余。

太短！

立德树人是中小学教育的根本任务，但具体怎么操作，该如何创新？我们作为《教师周刊》的编辑，又该做些什么？

"育人工作千头万绪，却大多要通过班主任这个最为关键和一线的岗位来落实。"《教师周刊》主编吴志翔博士的这番话打开了我们的思路，如他一直秉承的教育理念——"教育，应见人，见温度"，有着浓浓的暖意。

于是，在2015年，我们开启了"班主任"系列约稿。

然而，一开始，我也仅仅是抱着试试看的态度。因为在2015年，班主任岗位如同当年我在一篇报道中所言"不受待见"，杭州某区的一次专题调研显示，如果有机会选择，76.4%的被调查教师会选择不当班主任。教师们不愿当班主任，因为"所面临的责任太大，带来的精神压力太大……"。

当年9月，浙江省首位中职德育课特级教师周岚的《试试看，说不定可以》如约来到。周岚是我在采访中结识的好朋友。当时，她已是全国模范教师、全国教育系统巾帼建功标兵。打动我的，却是她援疆（成绩斐然，帮助库车"零起点"创建职业高中）回来选择当普通班主任，以及她在班主任工作中的那份用心与执着，智慧与热爱。

但我们不能指望一位位普通教师也能像周岚那样有着"非一般"的教育情怀。于是，"班主任"系列的稿件，有一搭没一搭地约着。

直到那年年底的一个周末，在云和这个小山城，我见到了一大礼堂的，将过道、门口都塞满的来自全省各地的几百名班主任。

寒冷的冬日里，没有空调、临时借用的中学礼堂竟也暖意融融，笑声酣畅。

台上义务分享的，是一线班主任。台下自主前来倾听的，是更多的一线班主任。他们称自己是站在台上分享的"明星"班主任的粉丝。对专业智慧的渴望使他们聚集在一起。

那么,"班主任"系列,要为这样有着强烈学习需求的班主任们做些什么?

——邀请更多的"明星"班主任来分享他们的智慧和情怀!

于是,全国优秀班主任、省德育特级教师、省"十佳"心育导师、全国首届中小学班会课大赛一等奖得主、全国中等职业学校班主任基本功大赛一等奖得主、长三角地区中小学班主任基本功大赛一等奖得主……2016年、2017年、2018年……我们拜访了许多"明星"班主任,向他们发出了约稿邀请。

我们发现,"明星"班主任有着共同点,一个就是具有浪漫的情怀。

嵊泗海岛上被岛民们尊称为"菩萨"的范群,因被采访耽误些许时间,一脸"懊恼"、急匆匆地骑着"电驴"在街道上穿梭飞奔,只为准时和学生相见。她,担任班主任已近三十年。

陈建仁的浪漫,在为着留守儿童开辟德育新阵地;郑友民的浪漫,在放手让学生自我成长,在学生毕业离开时却泪流满面;郑小侠的浪漫,在为兑现承诺,帮住宿的学生们烧了一年的开水;郑英的浪漫,在把教育做成向美而生、高贵的事业;

90后班主任雷丹燕的浪漫，在为山里的孩子如饥似渴地学习……

另一个是具有专业智慧。

"班主任能为了鼓励学生而违反校规？""其实，听不听话，只是一种选择。我不觉得听话的就一定是个好学生。""在班级里营造一个公平公正的小世界非常重要，但值得思考的是，什么是真正的公平？"……他们在多年的育人工作中不断进行着自我对话与反思。

别的老师即使当一个班的班主任也会感到"焦头烂额"，而张赛芬却常年同时担任三个班的班主任，她说，这是"一场收获满满的幸福旅行"。学生出现问题，不少班主任总是着急去解决，林志超却说："让学生自己感悟，学着自己成长。""有准备谈话"到底该怎么做，省心理特级教师徐中收有着特殊的心得……

四年多过去，欢喜的是，分享班主任智慧的这个队伍在不断壮大，"班主任龄"不到十年甚至只有一两年的"菜鸟"们的教育智慧已别具"风味"，丝毫不逊色。带着学生们众筹点映纪录电影，去运河边找春天，参加文艺界的诗会，在电台里一起读1000天有趣的故事……90后班主任沈波有着一脑门子的主意。

感动的是，这个队伍中，"班主任龄"三十年的"资深"

班主任依然激情满怀。"两年后,他们毕业,我退休。"周红不愿误人子弟,三十年的班主任工作对于她而言,最大的收获是,保持了一种反思、学习的状态。"事业是我的常青树。"她这骄傲的言语,真真让人泪目。

让我如何不爱他们!

黄莉萍

2020 年 6 月 26 日

目 录

第一辑 | "被怀疑的孩子"

女孩的泪痕
——"有准备谈话"的走心策略　　　　徐中收 / 003

班主任要善做"心灵捕手"　　　　　　范　群 / 011

发声,是一件弥足珍贵的事　　　　　樊晓薇 / 016

野百合的春天
——离异家庭孩子的心理帮助策略　金　奕　尹妙玲 / 022

用智慧拨动孩子心弦　　　　　　　　汪建军 / 030

做孩子生命中的一盏明灯
——走心谈话启心扉・多元智能树自信・生涯规划促发展

　　　　　　　　　　　　　　　　　林　芳 / 036

第二辑 | 引向美好的导演

"众筹"赞美送上家门
——宁波一班主任假期里的别样家访　　黄莉萍 / 043

解决问题，做成三件事	邹碧艳 / 048
春秋假，感恩、励志教育正当时	汪建军 / 053
春游，应是一场预设与生成的欢宴	朱永春 / 057
即兴玩转的惊喜	
——"我的创意班会课"微故事	毛小莲 / 062
你的成长，我盛装以待	费　颖 / 068

第三辑 | 出其不意的灵感

一块钱的争论	费玲妹 / 077
报喜鸟行动："名人"真的成了名人	郑碎飞 / 083
"扯闲篇"的魅力	
——也谈班主任的语言技巧	周　红 / 088
教育，要寻找合适的台阶	曾容容 / 094
让教育多一份出其不意	杨春林 / 099
我和学生谈"情"说"爱"	潜海龙 / 103

第四辑 | 一场智慧的浪漫

"伪"文艺教师的"最"诗意班会	沈静娴 / 111
开满"鲜花"的垃圾桶	费　颖 / 116
一封高山上的"情书"	雷丹燕 / 121
用仪式感擦亮一些重要时刻	郑　英 / 125
雨中的陪伴	郑小侠 / 134

第五辑 | 其实一点不特殊

"菜鸟"怎样当"后爸" 　　　　　　　　董伟光 / 141

留守儿童"微信家长会"的妙用 　　　　陈建仁 / 146

开学了，又有多少男孩会被误解 　　　俞尤棠 / 152

暑假，来聊聊中学女生的青春期 　　　阮巧玲 / 157

她，缘何成了国家楷模
　　——全国教书育人楷模、舟山教师张赛芬印象　黄莉萍 / 162

我的班里有十多位体育生 　　　　　　潘秋芳 / 170

小妙招　大智慧 　　　　　　　　　　徐玲云 / 175

第六辑 | 举足轻重的思辨

班长请你吃菜饼
　　——论教师规则意识和学生空间自主性　　宋卫庆 / 183

别在"对不起"中轻易动摇 　　　　　　李　芹 / 188

不听话也是一种选择 　　　　　　　　费　颖 / 193

公平公正的班级小世界，可有什么故事分享

　　　　　　　　　　　　　　　　　　余　鱼 / 199

勿以爱的名义去伤害 　　　　　　　　费红亚 / 204

做"眼里容得下沙子"的老师 　　　　　熊传宝 / 209

做"讲道理"的班主任 　　　　　　　　熊传宝 / 214

第七辑 | 合伙人的意义

带着家委会去家访　　　　　　　　张　媛 / 221

聆听成长的声音　　　　　　　　　王　姬 / 226

暑假家访的妙处与妙招　　　　　　贾如松 / 231

我的那些"教育合伙人"　　　　　　郑友民 / 236

第八辑 | 放手，因为无法替代

班级事，轮流做　　　　　　　　　许丹红 / 245

让学生做教育的主人　　　　　　　郑友民 / 250

试试看，说不定可以　　　　　　　周　岚 / 255

学生，会自己成长　　　　　　　　林志超 / 260

有一种"官"，叫"倒茶官"　　　　　曹海棠 / 266

做一根点亮光明的火柴　　　　　　陈建仁 / 272

附录　给名班主任待遇，搅动"一池春水"？

　　　　　　　　　　　　　黄莉萍　李　宁 / 277

第一辑 "被怀疑的孩子"

我们身边,有太多自认为"一直被父母和老师忽视和怀疑",家长和教师却"期待并相信他能成功"的孩子。

问题都出在哪了?

女孩的泪痕
——"有准备谈话"的走心策略

徐中收

"有准备谈话"是班主任工作的走心途径，是师生间沟通的有效策略。它是指教师做好心理准备和物质准备后，运用真诚、尊重、倾听、无条件积极关注和共情等心理辅导技巧，加上无声的肢体语言等，与学生进行的沟通交流。

一、婉拒

中午，班主任李老师在办公室批改作业。学生小玫皱着眉、低着头站在她身旁，脸上有哭过的痕迹。

"有事？"李老师轻声问。

"嗯，我情绪不大好，想和您聊聊。"小玫低声说。

李老师看了一下周围，发现办公室里坐着好几位同事。

"小玫，昨晚我没睡好，身体不大舒服，可否放学后再谈?"李老师温柔地说。

"好的,老师,放学后我来找您。"小玫眼神里有一份感激。

(作为班主任,在与学生谈话之前先要自我觉察一下,看看自己的身体和情绪状况,以免因为自己的不好情绪而影响对人、对事的理解和客观判断,导致不当处理结果。另外,班主任要会察看周围环境,看看是否适合谈一些个人隐私的问题,谈话内容能否保密等。)

二、小玫

小玫回教室了,李老师找出小玫的档案看了起来。

小玫……父母对小玫的要求比较高,希望她好好读书……

小玫自我要求颇高,学习很认真,成绩优秀;对班级工作也很热心,常常帮助他人;性格有点倔,认准的事,会坚持做到底。

(每个学生都是独立的个体,不同的学生有不同的心理状态。班主任在与学生谈话之前,要分析一下学生的家庭背景、个性特点、情绪状态、身边可能发生或已经发生的事情,考虑一下谈话的时间、地点、方式和要达到的谈话目标或者要解决的问题。)

三、谈话

放学后,在学校后花园,按小玫意愿,师生俩在一个小亭子里坐了下来。

"来,先喝口水。"李老师递给小玫一瓶水。

(谈话开始之前,老师若能给学生准备一杯/瓶水,一方面学生能够感受到尊重和真诚,另一方面学生会把紧张的情绪放松下来,打开心扉。)

"谢谢!"小玫喝了口水,轻轻说。

李老师面带微笑,静静地看着小玫。

(发自内心并渗透感情的微笑是人际交往中的润滑剂,是人际沟通中的增效剂。)

"老师,我,我遇到事了。可是,我不知道怎么说……"小玫红着脸。

"没事,每个人都会遇上事情,你想说什么就说什么。"李老师身体往前微微一倾。

(身体微微前倾是一种肢体语言,是倾听的表达。)

"我很不好意思,说出来挺、挺羞耻的。有人,一个男同学,要我,要我做他的、他的女朋友……怎么能,怎么能这样呢?"小玫红着脸,说话有点期期艾艾。

"哈,长大了,应该高兴。"李老师静静地说。

"老师,别笑话我,人家都着急死了!"小玟声音大了起来。

"小玟,老师没有笑话你。可以把事情具体地和我说说吗?"李老师真诚地说。

"老师,王勇胆子太大了,昨天放学回家的路上,王勇竟然拿着一束鲜花拦住了我……"小玟开始哭了起来,一副受惊的样子。

"你当时做什么事情没有?"李老师一边递给她一张面巾纸,一边轻声问。

(面对学生的遭遇,老师没有评价,而是关心她的情绪,有利于学生把心中的话全盘托出。)

"我,我当时被吓坏了,我真的不知道做什么。"小玟哭声大了许多。

"嗯,我读初中的时候也遇见过和你一样的状况,当时我也吓坏了。"李老师眼睛里也闪着泪花。

(学生遇到了挫折与困难会垂头丧气,有时可能还会伤心哭泣,那么作为班主任,通常会如何处理呢?是安慰吗?不,班主任最为明智的做法是共情,站在学生的角度去感受她的想法、情绪以及这些想法和情绪对她的心理所产生的影响。)

"我拔腿跑回了家。"小玟的脸色有点苍白。

"昨天晚上你睡得好吗?"李老师关切地问。

"没有,一点都没有睡好,翻来覆去几乎没有睡着。"小玫红着眼睛说。

"你在想什么?"李老师平静地问。

"我第一次遇见这样的事情,有点兴奋,又很害怕。脑袋里有两个小人在打架。"小玫很纠结。

"哦,两个小人在打架?"李老师看着小玫的眼睛。

(因势利导是达到谈话目标的有效策略。)

"是的。一个小人说,小玫你真可爱,长得帅、学习又好的王勇竟然会喜欢你……"小玫的脸上有点甜甜的笑。

"小玫,另一个小人说什么?"李老师不慌不忙地问。

"嗯,另一个小人说,小玫,你千万不要发昏!父母每天辛辛苦苦工作,最大的希望是你能够好好学习,将来上个好大学。你如果现在谈恋爱,有你哭的时候……"小玫紧皱着眉头,说着说着又呜呜地哭了起来。

"看起来,你真的挺矛盾的。我能理解。"李老师温和地说。

"老师,你真的理解我?"小玫的眼睛里闪过一丝火花。

"嗯,理解。青春期是人生的特殊时期,一方面希望有人爱,另一方面又怕因为爱而浪费了大好时光,辜负了父母、老师和自己。"李老师的眼睛闪着纯净的光。

"老师,我该怎么办?"小玫急切地问。

"问问自己的心:我现在最想获得什么?什么是需要等待的?"李老师笑了笑。

(每个学生都是解决自身问题的专家!班主任的智慧之处就在于激发学生自己解决问题的潜能,使其在解决问题的过程中获得成长。)

"我现在最想获得什么?什么是需要等待的?"小玫自言自语,陷入沉思。李老师一声不吭,默默地陪伴着。

(学生的沉默可能是建设性的沉默,学生可能正在寻找适当的措辞来描述自己的感受,表达自己的想法。这时候,班主任的催促或插话都会使学生产生"老师并不重视我的感受,也不重视我本人"的想法,从而失去了解学生的良机。)

过了好久,小玫抬起头,热泪盈眶:"老师,我明白了。"

"明白什么?"李老师又笑了笑,意味深长。

"老师,你相信我能够处理好吗?"小玫热切地看着李老师。

"老师当然相信你!"李老师斩钉截铁。

"谢谢老师的信任!"小玫站了起来,朝李老师深深地鞠了个躬,"老师,我走了,再次谢谢!"

(老师如果把学生看作天使,那么他便是生活在天堂里;反过来,如果老师把学生看作魔鬼,那么他便是生活在地狱里。信任是老师对学生的最大肯定和鼓励。）

班主任心语

一次，一个高中男生来找我咨询，我为他做了5次辅导。在沟通中，他抬起头带着惊讶的表情说："你是第一个诚心期待我获得成功的人！"他当时悲喜交加：悲伤是因为他觉得在成长过程中一直被父母和老师忽视和怀疑，欢喜是因为他觉得未来突然变得光明起来。

若与该男生的父母谈及此事，他们一定会说："我们一直期待儿子成功！"如果与他的班主任交流，班主任也会说希望该男生优秀。但是，该男生没感受到这些。他觉得自己一直活在不被尊重、不被认可、不被欣赏的压抑状态中，难以把自身的潜能发挥出来。他只是需要有一个人相信他可以做得更好，然后他就可以自信地走向光明的未来。

班主任的优秀在于：用生命沟通生命，用生命唤醒生命，用生命呵护生命，用生命引领生命。

徐中收

浙江省心理特级教师，浙派名师，浙江省名师工作室主持人，全国名师工作室联盟理事；全国中小学心理健康教育理事会副理事长，浙江省心理健康教育指导委员会专业委员；浙江师范大学硕导、特聘研究员，上海财经大学特约研究员；永康市心理健康教育指导中心办公室主任。出版心理专著4部，参编省级教材20册。

班主任要善做"心灵捕手"

范 群

对于"问题"学生,班主任要试着走进他们的内心世界,倾听他们的心声,"捕获"他们内心最强烈的痛苦和希冀,站在他们的立场多思考,尊重、理解他们,并以他们能够接受的方式去教育他们,这样才能成为孩子的"心灵捕手"。

记得去年在为学生东宇庆祝生日的时候发生的一件事。

我一直认为,专门为每个学生过生日既是对他们的重视,也是让他们体会到集体温暖、教师关爱的契机。因此,每次学生生日,我们会完成4个"规定动作":晨会课集体唱《生日快乐》,播放小寿星的靓照,班主任赠送一件礼物,小寿星为班级和父母各做一件好事。每次过生日,小寿星会欢天喜地地从我手中接过礼物,感受着浓浓祝福;我也从他们做的好事中感受着他们成长的幸福。

那我该送给东宇什么礼物呢?我一边在电脑上整理他开学以来的照片,制作幻灯片,一边思考着。东宇是个特别活泼好动的男孩，我想，他一定会喜欢造型夸张的人物模型。

中午休息时间，我去动漫店为他选礼物。有一个动漫人物吸引了我：身披飞动的红袍，头戴高高的黑帽，黑帽上画了骷髅图案，肩上还扛了一把大大的锤子，小眼睛，长鼻子，最夸张的是两撇红色的八字胡须威风凛凛地翘着，几乎占据了半张脸。我觉得这个动漫人物挺独特的，但是不知道叫什么名字，更不了解他的故事。听店主介绍，原来他是日本动漫《航海王》里的人物。

当我高高兴兴地把礼物交给东宇时，我觉察他并不是特别高兴。但是出于礼貌，他也说了声谢谢。第二天，我无意中看到他桌上摊开的本子上写了一段话："这是什么烂礼物，太恶心了，难看死了，我已经把它扔掉了。"显然，这是他写给前桌同学看的一段话。想到自己一片好心换来他如此的嫌弃和鄙视，我很生气。但是我随即平静下来，想到肯定是什么地方出错了。

我偷偷请了他的好朋友小翰到办公室，询问缘由。小翰也不知道究竟为什么东宇有这样强烈的反应。看来，这件礼物肯定是触碰到了孩子内心的伤痛。但是这么可爱的一个动漫人物又怎么会伤到孩子呢？我百思不得其解，晚自修结束后，我把东宇约到操场去散步，先向他表示了歉意。听到我真诚的话语，他终于打开了话匣，告诉了我原因。

他告诉我，礼物是《航海王》中的人物，名叫乌索普，乌索普小时候是出名的吹牛大王，很顽皮。东宇读小学的时候也比较顽皮，有时爱吹牛，同学们送他一个绰号"吹牛精"。同学们在路上碰到他就叫他"吹牛精"，老师和家长也多次批评他不务实。升入初中，到了新的班级，原来的小学同学都分散到各个班级去了，新同学并不知道他的绰号，他也想彻底改变自己说大话的毛病。可是老师却在他最重要的日子送了他这个礼物，他觉得老师肯定是听说了他小学时的表现，想敲打敲打他。

原来是这样，我这才明白错在自己，是自己对学生不了解导致爱心被误解。

我固然是好心办了坏事，但东宇的做法也过于偏激，估计班级里肯定还存在这种不珍惜别人爱心的事情，何不把它作为一个案例让大家讨论讨论？于是"如何对待礼物"的微型班会课就开始了。

首先，我请班级里《航海王》的超级粉丝小罗讲讲乌索普的故事。一个个有趣的故事让大家听得津津有味。特别是当听到乌索普和路飞并肩作战，机智地对抗敌人，取得胜利的时候，我看到同学们的眼睛都亮了。我趁机提出了对乌索普的评价：一个人即使说过大话，顽皮捣蛋过，只要今后做个正直有用的人，那他就是值得尊重的人。大家听了，不住地点头，纷纷问东宇，把乌索普扔到哪里去了，能否捡来送给他们。这时，我看到了东宇惭愧而后悔的神色。

然后，我们讨论了应该如何对待别人的爱心和礼物这个话题。讨论围绕两个问题展开：如果别人送你的礼物你不喜欢，你应该怎么做？送给别人的礼物，如果后悔了，能否再去要回来？

这个案例可谓是一石三鸟。一是使我意识到任何爱心都要建立在对学生了解的基础上，给学生想要的，不要一厢情愿地给予。二是教育了学生本人，让他懂得了每个人都是不完美的，只要他追求进步，努力做个善良正直的人就好了。三是教育了全体学生，让他们懂得了要理解爱，珍惜爱，这样才能报答爱。

可见，班主任只要能够经常走进学生的心灵世界，包容学生的过失，理解学生的情感，激励学生成长，就能够成为最佳的"心灵捕手"，收获教育的成功。

班主任心语

班主任要做得幸福、毫无倦怠感，必须"有范、有趣、有闲"。

"有范"，班主任必须首先提高自己多方面的修养，时时处处给学生做榜样。不需要过多的说教，学生就能从班主任身上学到做人的"范儿"，正所谓"什么样的班主任带出什么样的班级"。

"有趣"说的是班主任要善于创新，根据学生的年龄和心理特点开展教育活动，让活动形式能有趣味，吸引学生，使其得到快乐和启发，班主任自身也能从教育活动中获得乐趣。

"有闲"指的是班主任要善于"偷懒"，充分调动学生建设班集体的积极性，让他们学会自我管理；还要学会整合社会和家庭多方的教育力量。

"有范、有趣、有闲"——这就是我能长期快乐地担任班主任的秘诀，"三有班主任"就是"幸福班主任"的代名词。

范 群

舟山市嵊泗县初级中学语文教师，正高级教师，浙江省德育特级教师。担任班主任近三十年，省、市班主任工作室负责人。

追求育人的艺术，努力探索班级管理的艺术，探索"生生相长，科学管理"的模式，使学生成为班级的主人。追求爱的艺术，给学生以舞台，让学生学会自我管理。精心组建"雁行小队"，帮助学生成长。"雁行小队的管理模式"成为浙江省"转换育人模式"十大素质教育案例。

先后获得浙江省中小学师德楷模、浙江省功勋教师、浙江省首届十大最美教师、浙江省"万人计划"教学名师，全国优秀教师、全国中小学优秀班主任、全国劳动模范等荣誉称号，享受国务院政府特殊津贴，2017年当选为党的十九大代表。

发声,是一件弥足珍贵的事

樊晓薇

一转眼,做班主任已有十余年了。回想自己的班主任生涯,最常做的一件事仿佛就是在和学生讲道理——和一个学生讲,和一群学生讲,苦口婆心地讲,点到为止地讲……渐渐地,发现有些疲倦了,因为我意识到自己在面对一届又一届不同的学生时,往往会讲一样的道理——每次迎接高一新生,我都会先给他们说"规矩",再给他们讲"方法"。每次考完试,我都会帮他们分析,从学习方法到应试心态。每次集体活动,我都会提醒他们重视合作、关注成长……

直到有一天,我在那部叫作《后会无期》的电影里听到这句话:"我们听过很多道理,却仍旧过不好这一生。"

我开始反省:那样执着、不断地和学生讲道理,真的必要吗?

想起曾经的一位学生小何,整个高中阶段,他除了学习,什么都好。他尊敬师长,关心集体,乐于助人,爱好广泛,热衷于参加各种社会实践活动。只是一提到学习,他就像打了霜的茄子一般。面对他,我内心深处既有欣赏,也有担忧。我相信他会是个人才,但担心他若不能在高考中取得理想的成绩,会在今后的人生中失去一些机会。我记得自己经常找他谈话,提醒他在高中的最后一年要全力以赴,奋起直追。他每次都认真答应,眉梢、眼角都显露着决心,但却无法坚持很久。我知道他尽力了,许多事,并不是想做就能做到的。

又想起另一位毕业学生小高,整个高中阶段他都在和母亲斗智斗勇。他热爱电脑游戏,每次一回到家,就定在了电脑前。母亲为了让他远离电脑,干脆申请陪他住在学校的宿舍里,一周回家一次。我和他聊过很多次,角度很多,但中心意思只有两个:其一,要学会理解母亲;其二,要学会约束自己。他每次都"嗯嗯"地答应,从不和我顶撞,但从他母亲那里得到的反馈,却并不乐观。据说,每次回到家,他对电脑的热爱一如既往;而对母亲的态度,从之前厌烦到后来沉默。

……

正当我开始思考是不是要在学生面前少说一些时,有意思的事情发生了。

先是小何的父亲转发给我一条小何在大学里发给他的微信:"老爸,我最近很忙。今天猛然发现自己走路神速,然后终于理解了一年前高中班主任晓薇姐告诉我的话:'当你走路时时刻刻都是低头快步走的时候，你对理想是充满着渴望的。'"小何的父亲告诉我，虽然他的儿子并没有如愿考入"一本"院校，但是孩子特别喜欢自己的专业。在大学里，他如鱼得水，专业成绩特别优秀。最后，他的父亲郑重告诉我："你是一位好老师。"

没过多久，我又意外收到了一份来自大学的期末考试成绩单，来自小高的转发。后续的短信里，小高说："老师，谢谢您从前的教导。我的成绩比上学期有进步，现在开始我不会沉迷于游戏了，我要更加努力地去学习，争取拿到奖学金，并且考上好学校的研究生。我已经完全适应大学生活了，物理还考进了A班。"

开学初，正好有一个毕业多年的女生来我家看我，我跟她分享了这两条短信，不禁感叹道："我也许真的应该少说一些话。成长，是需要时间的。许多道理，终归要靠自己慢慢领悟。老师讲太多，也许反而徒增学生厌倦。你看，就像这两个男孩，高中时无法逾越的关卡，在他们升入大学之后，就都消失了呢。"那女孩若有所思地听着，不置可否。

不久后的教师节，我收到一条长长的短信，来自那位女孩——

晓薇，教师节快乐！我在上海，刚做完口译，在回酒店的路上。这几日有时会想起你说的有些话到底要不要跟学生说,很多人到后来才明白当时你说的话,多说是否有意义。

我觉得是一定需要的。

高中时很喜欢听你说话,而现在的自己是由无数个过去的点构成的,少了其中的任何一个,现在的轨迹都会改变。如果之前没有听到你的那些话,也许他到后来还是不会明白。

至今遇到的一些人、事,越发让我觉得一场相遇、一封邮件、一张明信片、一行字、一句话等都可能改变一个人的一生。

也许,我现在没有完全理解你的心境,但一直觉得——在这个世界里,发声,是一件弥足珍贵的事。希望以后还能每年来和你说话。

她的短信发在深夜,我看到时已是第二天的清晨。不知为何,当我看到这几段文字时,心里忽然和清晨的阳光一起明媚起来。

是的,也许我们永远不会有那么神奇的力量:用一句话,改变学生的一生。但是,在这个世界上,发声,是一件弥足珍贵的事。只要我们真正为学生担心,为学生着想,我们发声的价值一定会在未来的某一刻显现出来。

于是，在那个明媚的清晨，我给那个女生回复了一句话："谢谢你，我会继续！"

班主任心语

我理解的"教育理念"，是一位教师内心深处的"相信"和"愿意"。我理解的"以人为本"，是"要把学生当作一个成长中的孩子——允许他不断地犯错，但相信他可以做得更好"。我理解的"君子不器"，是每个学生都可以有自己的特点，而不必成为符合统一标准的"产品"。

我心目中的高中班主任，不应该是保姆，更不应该是警察，而应该是学生成长道路上的陪伴者和引导者。我的职业理想，是让我的学生成为"明是非、知好歹、能体谅、有担当"的人，是让我的班级成为"有规矩、有弹性、有温暖、有希望"的集体。

曾经，立志要做学生生命中的贵人，但在近二十年的教育生涯中，我越来越清晰地认识到——分明是学生成全了我的成长！

樊晓薇

湖州中学化学教师，浙江省中小学班主任工作室领衔人，曾获首届长三角地区中小学班主任基本功大赛高中组一等奖第一名。

野百合的春天
——离异家庭孩子的心理帮助策略

金 奕 尹妙玲

小康,男,八年级学生,父母离异,随母亲生活,母亲未再婚,独自拉扯他长大。父亲再婚后,无暇顾及儿子。最近两个月,小康迷上电脑游戏,早自修迟到就成了家常便饭,作业也时常拖欠,考试挂红灯。

故事一

说来惭愧,要不是小康的母亲深夜11点给我打电话说找不到孩子,我这个班主任也感觉不出他的变化。(后来家长在网吧找到了他。)

第二天午饭后,我在教室门口叫住了他。我问他:"最近在忙什么?感觉学习能跟上吗?"

他答道:"差不多。"一句话就把我给敷衍过去了。

"妈妈有空来接你吗？"

"有空的，但是她总说男子汉要独立，让我自己走路回家。"语气中有点埋怨。

"你从家到学校大概走多久？"

"20分钟左右。"

"那一定很累的。天气好还好，天气不好，刮风下雨就更辛苦了。"

他使劲地点头。

"老师每天早晚也是走路的，我知道你们小孩更辛苦。"

他抬起头来看着我，眼里满是疑惑。

"你不信吗？"

"信。"

"放学早点回家，免得妈妈担心。"

他以为前一天犯了那么大的错误，回学校肯定会被骂得狗血淋头，没想到老师居然只字未提。

第一次谈话很简短，看似没有实质的内容，但是我发现小康上课时的眼神有了些许变化。

故事二

虽然第一次谈话后，小康回家的时间变得早起来，但是野过的心要收回来还是很难的，作业拖欠的现象时有发生。于是，他的母亲用了比较过激的办法，帮他请了三天假，让他在家里反思。三天后，母亲带着小康来到了办公室。我让她先回去。

"这几天你应该想了很多吧，知道自己该怎么做了吗？"

"作业要做起来。"

"就这样？"

"反正我这样也达不到她的要求，干脆不学算了。"

"感觉自己在学习上尽力了吗？"

"没怎么尽力。"

"那么取得好成绩就会有困难。"

"取得好成绩对于我来说太难了。"

"努力就行了，学习是每个人必须承担的责任。"

接着，我给他看了他的母亲事先写好的纸条，纸条上的内容大致是这样的："从早上开始，以饱满的精神迎接新的一天，作为学生的你，不迟到，上课不讲话，认真听课，认真做作业，这是一个学生最基本的态度和责任啊！儿子，能做到吗？你现在应该做的就是好好学习，将来好好生活。儿子，我们一起加油！"

合上纸条，他眼神中流露出坚定。第二天，他母亲给我打电话说，娘俩合租一套房子，平常都是儿子睡大房间，她睡小房间，这天晚上儿子要求换过来。母亲激动得在电话那头哭得稀里哗啦。课间，我找了个机会表扬了他，夸他是个有责任心的孩子，照顾母亲是小小男子汉应该做的事。于是，小康的"家校联系本"上时常有"今天妈妈下班得晚，我就帮着先做好饭，洗好菜""今天，我把家里的地板拖了一遍，看到干净的地面，感觉舒服极了"等等内容。

看来，孩子慢慢开始关心母亲了。

故事三

学校运动会日子临近，班级里男子立定跳远的项目还没有人报名，小康的身体素质很不错，尤其擅长跳远。我觉得这是一个好机会，于是问他是否愿意参加，他爽快地答应了。果然，运动会上，他发挥出色，拿到了全校第二。

在班级表彰大会上，我分明看到了小康眼里的泪花。

课后，我发现他和一堆同学有说有笑，这情景好像之前没看到过。我顺便过去说："你们可要巴结好小康，不然他的独门绝技可不会传给你们，到时中考立定跳远项目可就好看了。"同学们立马"师父""师父"地叫着，小康呵呵笑了，都有点不好意思了。

班级、同学、集体、荣誉，这些概念在他的头脑中慢慢地清晰起来。小康在一次周末小结中写道："以前总感觉自己是那么另类，与同学们简直格格不入，但现在突然发现其实我也是很受欢迎的，每个人其实都可以做得更好。"

故事四

期中考试临近，小康的情绪又出现了波动，上课开始睡觉，作业也时有拖欠。向同学一打听，原来近段时间他的母亲因为工作要到外地进修，小康暂时住在父亲家里。父亲经营的是汽车租赁的生意，经常忙到半夜才回家，小康又进入无人管束的阶段，开始放任自流。我于是找来小康，他正在自修课上睡觉。

"很困吗？老是要睡觉？晚上几点睡的？"

"不知道几点。反正也没有人管我。"

"没有人管你，你可以自己管理自己啊！"

他被我说得愣在那里，过了好一会儿才说："我怎么管自己？"

我见他还是想改变现状的，就向他推荐了一本书——《时间管理》，告诉他要制订每日计划，并严格遵照执行，完成得好可以给自己适当奖励。我开玩笑说："你提前进入高中状态，学会自己独立生活了，那是很了不起的。"他接受了我的建议，说可以试试看。懒散过的孩子想要转变，其实他的内心是要经历煎熬的，理性必须战胜感性，心灵必须经受历练，之后内心会无比强大。

教育者的思考

随着我国离婚率的上升，离异家庭的孩子越来越多，心理问题也五花八门。对这些孩子进行恰当的心理帮助，需要教育工作者抱以博大的爱心，还要运用科学合理的技巧。下面我把整个辅导过程中的相关办法做一个总结。

1.善于运用积极的自我暗示。

离异家庭的孩子遇事通常往坏处想，比如对自己没有信心，会说出一些让自己更加绝望的话，这就是一种消极的自我暗示。应鼓励这些孩子在接受自我的基础上，运用一些积极的自我暗示，一点点地增加自我的力量。

2.倡导积极健康的生活方式。

鼓励这样的孩子多运动，多参加一些感兴趣的活动。这样做的原因是能加强自主神经系统的功能。我们每个人身上都有一个自我防御系统，尽量让它自己发挥作用。

3.有合理的自我宣泄渠道。

离异家庭的孩子因为复杂的家庭关系，面临的压力往往是多方面的、复杂的。班主任、心理辅导教师需要为孩子提供宣泄压力的平台，比如倾听、鼓励他们写每日心情笔记等就是很好的方式。

4.适当挑战自己，勇于突破自己的设限。

由于独来独往的时间久了，离异家庭的孩子就会自己给自己加上一些限制、一些束缚，导致失去进步的机会。因此，教师要帮助孩子适当做一些自我挑战，挑战自己害怕与恐惧的事情，进而增强自信，提高自己的能力。

从与小康这样的孩子的接触中，我真正认识到我们教育工作者如果能带着他们走过这个人生的岔口，那将是一件功德无量的事情。其实每一个孩子都是一颗充满希望的种子，只要我们用最辛勤的汗水去浇灌，用博大的爱心去呵护，用科学的方法来引导，野百合也有春天。

班主任心语

我在永康三中有着十八年的班主任工作经历。我认为，一个不成功的班主任，其失败的理由可能有一百条；而一百个优秀的班主任，其成功的经验肯定包含一条，那就是爱学生。爱心是班主任工作的法宝，严格是班主任工作的基础，细心是班主任工作的关键，有趣是班主任和学生沟通的保证。（金奕）

每一位学生都有一个丰富的内心世界,要想成为学生的朋友,真正走入他们的内心,班主任就需要付出爱心、运用智慧、更新理念。我们需要时时思考教育的目的是让学生成为怎样的人,从关注学生内心的需求做起。我们要善于进行教育观察,其实孩子每一种行为的背后都有根源,善于追本溯源,尊重每一个灵动而又可爱的生命,回归教育的根本,才能让每一个孩子健康茁壮成长。(尹妙玲)

金奕 尹妙玲

金奕,国家二级心理咨询师、浙江省心理健康教育A证教师、永康市心理咨询师协会副会长、金华市心理健康教育先进个人,现为永康三中政教处副主任。

尹妙玲,课例曾被评为2018年度教育部"一师一优课、一课一名师"活动"优课"。

用智慧拨动孩子心弦

汪建军

一名学生的手机在学校丢失了,学生家长声称要报警。我向家长做出承诺,两天之内,失窃的手机定能"完璧归赵"。

第二天上午,我把事发时都在上拓展课的80余名学生召集起来,说了这样一番话:"某同学违规把手机带进教室,我们在座的个别同学可能出于所谓的'正义感',也可能想和她开个玩笑,把她的手机'藏'了起来。现在某同学很着急,家长甚至想到派出所报警……某同学已经'违规'了,我们可不能'违法'。我不想追究到底是谁'藏'起了手机,因为我想你只是一时冲动。只要你在方便的时候,偷偷地把手机放到行政楼101德安处门口的资料袋里,这件事就到此为止。"当天,资料袋里不仅出现了丢失的手机,还有一张字条:"汪老师,谢谢你给我一个改过自新的机会,我会永远记住这一天。"

没想到的是,这篇记录在自己QQ空间里的"护短"事件,引发了大家的广泛点赞和传播。中国新闻网、新华网、环球网、腾讯网、浙江在线、钱江晚报等媒体都进行了报道。"护短"事件感动了许多人,也引发了大家对教育的关注和思考:相信每一个孩子都是向善的,这是一个真正教育人的情怀;教育需要智慧,既保护孩子,又提升自己……

担任班主任二十多年,我一直提醒自己:德育不是"训人",而是"育人"。德育不是冷冰冰的,而应是有温度的,有光亮的,有人情味的。所以,班主任应该努力成为温暖学生心灵的一盏灯,这盏灯亮一点,学生就能走得远一点。担任班主任二十多年,我也一直告诫自己:教育是一种陪伴,陪伴需要智慧。面对纷繁复杂的教育现场,班主任只有不断释放教育智慧,才能拨动学生心弦。当然,在教育实践中,有"理想很丰满,现实很骨感"的挫败,也有"众里寻他千百度,蓦然回首,那人却在灯火阑珊处"的惊喜,于是,留下了这样一些温暖学生、释放智慧、值得不断回味的故事……

包干区里扔纸团

人来人往的班级楼梯包干区,经常因为保洁问题而被扣分。

我决定对本班学生进行一场"考试"。我事先准备了一张白纸,在上面写上"拾到本纸团者,请速与汪建军老师联系",揉成一团后,悄悄地扔到楼梯最偏僻的角落。下课后不久,我刚回办公室，班里平时最默默无闻的负责卫生用具摆放的女生小储敲门进来。她手里摊着我扔的那张废纸，红着脸说："汪老师，我打开纸团本想发现点什么信息或辨认下笔迹，没想到看到你留下的这一行字，这是我捡拾的第10个纸团了……"

第二天班会课，我在班里隆重表扬了小储。班长在我的指导下，给小储写了颁奖词："作为班级卫生用具摆放监督员，她工作无须提醒……在她身上，我们真切感受到了素质是无须提醒，责任是努力完成。"隆重的表彰仪式后，我携班委会成员与小储合影，并将照片冲洗塑封。我送她一张，然后放大冲洗一张，在教室门口走廊"图说五班"宣传栏内展出；还把她的先进事迹在班级网站展出，通过班级喜报的形式告知小储的家长，感谢家长的用心培养……自那以后，班级学生下课捡拾垃圾的积极性高涨，包干区保洁问题得到了根本解决。

眼镜店内开班会

男生寝室里，小余、小潘因为一丁点小事引起了冲突。小余眼镜掉地，镜片碎掉。

适逢当天下午有班会课。于是，我想，今天这节班会课可以放到眼镜店里上。班会课前，我把寝室长小张找来，开了出校单，让他带着小余、小潘去附近的眼镜店配镜片。临走前，我看小张、小潘欲言又止,很想说什么,但我故意装作没看见。等小潘他们走了大概半小时,我带领5位班委会成员及10位小组长前往眼镜店。

刚进眼镜店,我就看到小张、小潘他们正在和眼镜店的工作人员商量着什么,表情有点狼狈。这正是我要的效果,我心里暗乐。看到我进店,小潘眼眶里含着泪跑到我面前,带着哭腔说:"汪老师,我们口袋里的钱凑在一起只有30块,眼镜店的工作人员不让我们赊账……""还差多少?"我问。"还差120元。"小潘回答道。我从皮夹里掏出120元交给小潘,让他付掉余下的款项。

在接下来配镜片的十几分钟时间里,我和小余、小潘、小张及其他同学坐在眼镜店大堂的沙发上,一起聊班干部的担当、同学的相处,谈承担责任、珍惜友谊。回到班上后,小潘主动给我写了一封长长的信,反思自己的冲动,感谢我的及时出现。小余在传来的纸条中也做了自我批评。

信来信往聊爱情

初三时,性格内向、外表腼腆的小郑早恋了,他喜欢上了同班的一位女生。这样性格内向的学生,又涉及这样敏感的话题,采取什么方式与他沟通更有效?我想到了书信。

我提笔给小郑写了第一封信,我想通过这封书信告诉小郑,爱情的别名是成长。在信里,我告诉小郑:"当你开始打量自己的发型有没有乱,当你开始留心自己的衣着是否得体,这是审美的成长;当你开始品味她的言行,当你开始回味她的眼神,这是心理的成长……"我还告诉小郑:"当出现上述'症状'时,请先不要说是'爱情',它只能说明,你的心灵不再狭窄得只容得下自己,而是开始有了别人的位置,这是'善'与'爱'的萌芽,这更意味着你正在成长……"我在信的末尾特别交代小郑无须回信。

隔了一周,我又提笔给小郑写了第二封信,我想通过这封书信告诉小郑,爱情的个性是等待。在信里,我引用了余秋雨先生与一位早恋男生通信中的一段话:"爱情非常珍贵……未经艰苦寻找的草率结合,对她也是不尊重……"

第三周,我提笔给小郑写了第三封信,我想通过这封书信告诉小郑,爱情的土壤是责任。在信里,我向小郑介绍了美国第33任总统杜鲁门和妻子贝丝长达半个世纪的爱情故事。信的末尾我这样写道:"爱情是一种承诺,承诺的兑现需要责任;爱情是一种托付,托付的承担需要责任……"

第三封信后,虽然我不让小郑回信,但他还是回了长长的一封信。在信中,他告诉我,我的来信让他清醒,他的问题已经解决,以后会安心学习,等长大之后再考虑这个问题……

班主任心语

担任班主任二十二年，我一直提醒自己：德育不是"训人"，而是"育人"。德育不能仅仅念"禁"字诀、"堵"字诀，而应是心弦的拨动、思想的碰撞，应是有温度的，有光亮的，温暖彼此，照亮你我。

我一直告诫自己：教育是一种陪伴，陪伴需要智慧。当班主任，光有大爱是不够的，爱不属于专业能力，虽然对于教育，它是必需的。面对纷繁复杂的教育现场，班主任必须不断释放教育智慧，拨动学生心弦，因为实现智慧教育需要运用教育的智慧。

汪建军

开化县崇化中学副校长，兼任八（3）班班主任。教育部德育评审专家、浙江省中小学班主任工作室领衔人、衢州市名班主任工作室领衔人、衢州市百优班主任。

做孩子生命中的一盏明灯
——走心谈话启心扉·多元智能树自信·生涯规划促发展

林　芳

我非常喜欢美国诗人谢尔·希尔弗斯坦的一首小诗《总得有人去擦亮星星》：都抱怨星星又旧又生锈/想要个新的，我们没有/所以还是带上水桶和抹布/总得有人去擦亮星星……

九年前，刚踏上工作岗位的我陷入了沉思：在职业教育这片土地里，我该如何教书？该如何育人？如何成为那个擦亮星星的人？

在实践中，我写下了自己的"教育三部曲"。

细品每粒种子的味道——关爱学生，自信成长

坐在教室角落里的小明经常摆弄魔方，时不时他还会推推前排的同学，或跟同桌说说话。

一个平常的下午，教室里传来了重重地拍桌子的声音。

"孩子,你怎么了?"

也许是温和的关切,拨动了他心底的那根弦,也许是在他肩头轻轻的抚触,融开了他心中厚厚的坚冰,他居然有了回应:"老师,其实我是单亲家庭的孩子……"

我顿时怔住了,原来小明心中竟有这么一个心结。我用手扶着他的肩膀,轻声说:"孩子,谢谢你愿意把如此私密的事告诉我,你真是太不容易了。"

从那天开始,我试着与他拉近距离。渐渐地,他开始敞开心扉。每一次交流,我都给予积极关注、倾听与共情,并适时给予引导。我和他分享了单亲家庭孩子拥有出彩人生的故事。他感受到了我的真诚,也渐渐地开始和我谈他想努力学习的打算。

傍晚,当他还在教室里写字时,我为他开启一盏日光灯;我常在全班面前表扬他,表扬他每天早上来教室特别早,表扬他在校篮球赛、运动会上很卖力地为班级争光……当大学录取通知书寄来时,他的父亲感动得流下了眼泪。

"少一分指责,多一分关怀。"每一个孩子都有一个独一无二的故事,只要我们用真诚去聆听故事,用真心去读懂故事,用真情和智慧去改变故事,就能成为照亮学生成长之路的一抹阳光。

静听一树花开的声音——赏识教育，多元发展

"这节班会课，我们要进行感动班级十大人物颁奖。"

"自幼与聋哑养父相依为命，苦难并没有压倒你。感恩与责任让年幼的你，挑起了生活的重担。"

"科技实践大赛让你找到兴趣，文明风采大赛让你展现自信，创新创业大赛让你展示才华。在你的带领下，同学们也走上了多元发展之路。"

……

就这样，我一一宣读着颁奖词，学生们陆续领奖。

"不论严寒酷暑，你们起早贪黑，苦练专业技能，你们坚守岗位，保持校园整洁。一年下来，月月位居文明班级榜榜首。获得'感动班级特别奖'的是我们全班！"顿时，雷鸣般的掌声在教室响起，久久不停，更有学生流下了激动的眼泪。一年来的付出在此刻成了他们最宝贵的经历和最温暖的回忆。

我深信，是花都有自己的花期。有的花，一开始就灿烂绽放；有的花，需要漫长的等待；也许有的种子永远不会开花，因为它会长成一棵参天大树。所以，我们应该默默耕耘，用赏识激励学生发挥潜能，陪伴他们沐浴阳光雨露。

尽展莘莘学子的风采——规划未来，幸福人生

"林老师，我们明天的班会课可不可以做'雪媚娘'吃？"

我正在办公室准备明天班会课的教案，抬起头来，原来是小凡。虽然开学不到几天，但有印象，这个男生上会计课时经常趴在桌子上睡觉。我想了一想说："嗯，你能具体说一下吗？"

听到了详细周到的安排，我把小凡的想法告诉了全班学生。大家很兴奋，活动如期并圆满地举行了。

我开始对这个男孩产生了好奇，于是那个周末就去他家家访了。从小凡父亲那里了解到，小凡从小就很喜欢待在厨房里做菜烧饭。通过了解沟通，我帮助他做了一个职业规划。在与家长共同商定后，小凡转到了烹饪班。由于表现优异，小凡很快入选了技能集训队。而我也继续关注着小凡，经常去看他集训，用肯定的眼神或满意的微笑鼓励他。天道酬勤，三年的苦练让他在国家比赛中金榜题名，高校的录取通知书随之而来。大学毕业后，多所中职学校向他抛出了橄榄枝。如今即将踏上工作岗位的他告诉我："将不忘初心，像老师您一样，关心每一位学生，尊重个性，引领学生发展。"

教育是一种启迪，是一个灵魂启迪另一个灵魂。很自豪，

自己能成为一个个"大国工匠"成长的引路人！

班主任

教育是一种启迪，是一个灵魂启迪另一个灵魂。

坚信无论走过多少个春夏秋冬，经历过多少次风霜雨雪，每一位像我一样的班主任都会意气风发、无怨无悔地带领学生沐浴新时期职业教育的阳光雨露，一直行走在成为"大国工匠"的大道上！

用心读懂学生独一无二的故事，在他们的人生道路上给予恰当的指引，把自信与成功注入学生的生命，让他们发挥潜能，实现终身、可持续、个性化发展，让教育成为学生享受生命的过程，让自己成为幸福的中职班主任。

我骄傲，我是班主任！我更自豪，我是中职班主任！

> **林 芳**
>
> 高级教师，曾获全国班主任能力大赛一等奖、全国心理健康教育优质活动课一等奖、浙江省心理健康技能大赛一等奖；曾被授予湖州市教学能手、市教科研先进个人、市优秀德育导师、市心理健康教育先进个人等荣誉称号；主编的《心灵成长之旅——中职生心理辅导》入选浙江省中职课改首批示范校本教材。

第二辑　引向美好的导演

　　班级，是要让学生、老师和家长共同构建美好人际关系的"游乐场"？是上演一场场引导学生培养美好品质的"舞台剧"的"剧场"？

"众筹"赞美送上家门
——宁波一班主任假期里的别样家访

黄莉萍

这几天,徐柳亚和她的学生们身心愉悦指数一直停留在高位。"开学后发现很多孩子的状态好多了,课堂上举手积极了,和同学的关系更融洽了!"收获这样美好的成果,"始作俑者"徐柳亚没有理由不偷着乐。

想知道"秘诀"?先回答几个问题。"有没有遇到过整个家访过程只有赞誉之词?""有没有经历过在家长面前被小伙伴和老师齐刷刷赞美的情景?""有没有听说过家访竟然成为学生和家长的一种期待?"……

在刚刚过去的这个寒假里,宁波市华泰小学班主任徐柳亚就用这样的方式,一个个地完成了36名学生的"众筹赞美式"家访活动。

虽然是最后一个预约上并迎来家访小队的学生,吕佳妮依然觉得幸福满满。2月11日,就在元宵节的当日,班主任徐柳亚和"送赞美"小队的几名小伙伴让她过了一个有着特殊意义的节日。这一天,更让她想不到的是,自己的爸爸妈妈也成了"送赞美"小队的一员,在老师和同学们面前好好表扬了寒假中她的点滴进步。

"我的心简直就要飞起来了!"在吕佳妮眼中,老师、同学和父母都像送来美好、光明的天使,"相信新学期我能做得更好!"

实际上,每次家访前,徐柳亚都要在班级QQ群中举行"大家来集合"仪式,从被访学生的班级小组成员、小区邻里、值日伙伴、班干部代表、最佳搭档等不同层面选定5名家访团成员,并让他们各自去回忆被访学生的若干成功事迹进行赞美。

粟瑜热心地为同学们端饭菜,每次考试前认真复习,在大型活动中积极排练。

每次用完拖把后,卢发顾总能把拖把洗得干干净净;生病的奶奶行走艰难,卢发顾一路搀扶,小小的身体给予奶奶最强大的力量。

……

当这些点滴就像一个个故事清晰地展现在被访学生和家长们面前时,他们都激动了。学生傅金令的爸爸感叹:"没想到自己的孩子做过这么多有意义的事情,真是重新认识了孩子。

大家的赞美让孩子有了自信,同时这也是对孩子最有力的鞭策。""在表扬其他孩子的同时,'送赞美'的孩子其实也在心里做着自我比较,别人的优良品质间接地教育了孩子。"俞雨晴的爸爸这样认为。

"被同学们赞美后,被访学生可以补充说说自己还有哪些优点,做过哪些值得大家赞赏的事情;最后家长和老师再来说说被访学生的优点。"在徐柳亚眼中,"找优点",是教师、学生乃至家长都需要去不断"训练"的美好行为。家访结束时,被访学生还能收到写有赞赏话语的"集心卡"。"孩子、家长都可以经常去看看这张卡,在自我肯定中快乐前行!"

公开送赞美,私下提建议,是徐柳亚在二十多年班主任生涯"文火慢炖"出来的"一道大菜"。

"家访,是我在二十多年班主任工作中一直坚持在做的。但家访该怎么访?如果去说孩子的问题,除了引发'家庭矛盾',没有别的作用。但问题已经存在,班主任应思考出更好的方式去引导。"

二十多年来,徐柳亚的家校沟通工作一直在变化着。她会用书信式、网络式的家访和家长进行真诚的沟通;会定期在学校图书室、公园草地上开一些分类、分主题的沙龙式家访活动……"像沙龙式的活动,家长可根据自己孩子的情况自主报名参加讨论,家长在一起往往可以'互相取经',很多思路就豁然开朗了。"

与此同时,传统的上门式家访,徐柳亚一直坚持着。只是,她渐渐将"一对一",变成了"多对一""多对多"。

她曾经带着家委会成员一起去家访,让优秀学生家长和被访学生家长一起探讨家庭教育。"但感觉依然有着那么一点点的不对等,被访家庭似乎总是'被教育'的一方。"如何从内心深处激发学生的动力,让家长不再只关注成绩而能更全面、深入地了解自己的孩子,成了徐柳亚思考的事情。

"家访要送好消息,不要送坏消息!"徐柳亚忽然想起她曾经中途接手的一个班级。三年换了七个班主任,到她手上时,这个班级的学生优秀率只有10%。"我接收这个班级提出的唯一要求是,这个班只要有哪怕一点点进步或者好的地方,学校就要及时给予公开表扬。"中断了产假"临危受命"的徐柳亚几年的心血没有白费,到这班学生六年级毕业时,优秀率已达85%。

"班主任工作,是一份与孩子沟通的工作,就应该走进孩子的世界。我们要倾听孩子说的话,要看到他们的变化,了解他们的需要,才能帮助他们做得更好。"在徐柳亚看来,发现学生的优点是敲开他们心门的"最佳武器"。

在一直享受着家校沟通快乐的徐柳亚眼中,一个班级就应该是一个家。"春节前,那些拎着行李箱还未进家门就先来母校看老师的毕业生，谁说不是我的亲人！"徐柳亚认为，她得到的是世间最大的回馈。

班主任心语

因为喜欢，所以执着。坚守"快乐+努力=每一天"的人生座右铭。

徐柳亚

工作二十四年，任班主任二十四年。曾被评为国家级优秀辅导员，获宁波市中小学班主任基本功大赛一等奖，获宁波市"十佳"班主任、宁波市智慧班主任等称号。

解决问题，做成三件事

邹碧艳

年轻班主任初上岗，总是怕出事，一听说班级里有学生违反校纪校规，往往会惊慌失措，不知如何是好。当然，不少老班主任也一样，每每遇到类似情况，也会懊恼地认为学生不听话，不省心。我也经历了这样的过程。但是在长期担任班主任的过程中，我发现如果把问题解决好，学生会从中获得成长，教育会因此收到成效。

所以，我开始喜欢上了问题，而且觉得有问题产生，那是教育生活的常态。如果一段时间，班级没有发生状况，我反而会觉得不踏实，甚至要担心是不是学生对我遮掩或隐瞒了什么。那么，我是如何面对问题的呢？归纳起来，就是要做成三件事。

第一，做成正事。何谓正事？顾名思义，即正儿八经的事。班主任不仅是班级的组织者、领导者，更是德育者。德育工作要按照立德树人的要求，有目的、有计划、有组织地实施，并且寓德育于活动之中，让学生通过丰富多彩、健康有益的活动，广泛深入社会生活，在与他人的交往接触中逐步形成和发展适应社会关系的各种品质。这就是班主任的正事。而发生在学生身上的很多问题，并不是孤立形成的，很多是他们没能得到适切的教育所致。

高一时，班里曾有两个男生在寝室里因为打扫卫生的事情打了起来。按照一般的处理惯例，班主任会把这两个学生找来，问清楚情况，批评一顿了事。而学生之所以会打架，是因为他们还不懂如何过集体生活，不知道如何处理人际矛盾。了解了打架事件的来龙去脉之后，我利用两周的思教课，开展了"个体与集体""相处的艺术"主题课，并组织班干部召开了一节"我在团队中成长"的班会课。班会课通过游戏环节，让学生用身心体验团队合作的重要性；通过情景再现，在笑声中思考人和人相处的艺术；通过诗朗诵，演绎对班级的真情；通过照片对比、视频回忆，看到自己在这个团队中获得的成长。三年下来，班上学生再未发生过类似事件。一个个问题聚合成德育的主题，并通过一堂堂班会课得到解决。教育不是过家家，你把它当成正事，它回报的便是正气。

第二，做成大事。所谓做成大事，就是要增强教育的仪式感。但是很多教师没有意识到这一点。譬如为了解决班里的学风、班风建设问题，班主任一般都需要一个团结有力的班干部团队。班干部团队如何形成？这就是一件值得用心去做的大事。我从接手新班级开始，首先会在班级里做动员，将所有班委、团支部、课代表的岗位和相应职责要求郑重推出，组织学生自由报名，然后将所有报名学生的个人资料进行公示。一周后每位竞聘者在班会课上进行两分钟的演讲，由全体学生为每一个岗位进行投票，票数最多者获选。最后向全班公布班委、团支部、课代表的名单和任务分工，发放"聘书"，班干部接受全班同学的监督。班干部的选拔任用是大事，建设更是大事。在第一个月里，我几乎每周召开班干部会议，经常性地对班干部提出阶段性目标和要求，明确下周工作任务。同时我还要求班干部开学初"要计划"，期中"要反思"，期末"要考核"。期末时，所有班干部都要对自己一年的工作进行总结，并向全班公示。到了第二学年开学，会开始新一轮竞聘。资料公示、竞聘演讲、发放聘书、反思总结，这些看似烦琐的"大事"，有力地增强了班干部团队的信心和责任意识，也增强了学生们民主集中意识；而一年一度的改选，进一步提高了班干部的竞争力和自我更新力。教育无小事。很多小事，可以做成大事，做出仪式。

第三，做成故事。我喜欢给学生讲故事，也希望和学生过的每一天都能留下美好回忆，都能讲成好故事。无疑，每一次解决学生问题的探索，都可以成为一则则难忘的师生故事。譬如学习生活难免会让人觉得枯燥，很多学生就是因为耐不住这份枯燥和寂寞，最终失去了学习的动力和恒心。如何提升学生的学习兴趣和成就感？我想到了环境的创设、同伴的鼓励、氛围的影响。这些往往能够让学生从枯燥的学习中获得乐趣和成就感。我选择了"挑战30天"活动方案。每位学生针对自己的情况提出挑战项目的申请，通过一定的平台，及时公布挑战的进展情况和取得的成绩，相互监督是否能完成最初的挑战。高一下学期总共实行了三期"挑战30天"，师生共同参与挑战。通过前两期，师生开始认识到了挑战自我的信心；第三期，体会了"计划"与"坚持"的意义。最终我们将三期挑战活动的经历汇编成了一本书——《挑战在（2）班》，并由此提炼出了班级的口号——"挑战、坚持、自信、超越"。这看似普通的口号，因为与学生心灵的体验和成长的经历有关，格外深入人心。而这本书也记下了学生们成长路上最难忘的故事，每一次翻开书页，都会感到每个字都在熠熠闪光。

每一个问题的来临，其实都是教育的最好契机。每一次问题得到解决，其实都是师生在共同成长。珍惜每一个问题，做成正事，是职责；做成大事，是智慧；做成故事，是生活。

班主任心语

文化是务虚的，但文化依托于真实而存在；文化是无形的，但文化会产生力量。一个好的班级，一定是拥有好的班级文化；一个好的班主任，一定是建设了好的班级文化。好的班级文化催生学生对成长的自觉，进而促进自主的成长。

邹碧艳

浙江省正高级教师，省语文特级教师。长期担任舟山中学实验班班主任和语文教师。大力倡导卓越文化，首创"学习共同体"班级管理模式，致力于促进学生个性化多元化的综合素养发展。

春秋假，感恩、励志教育正当时

汪建军

新高考改革后，高中学校有了春假和秋假。这些假期里，初中学校正常教学，这就为高中学生回初中母校"探师"创造了很好的时机。一拨拨学生趁春秋假回母校看看，与老师聊聊天、叙叙旧，说明这些孩子对母校很依恋，也懂得感恩。

那么，班主任如何利用毕业生返校"探师"的契机，挖掘教育资源，在学生感恩、励志教育方面动点脑筋、做点文章呢？

毕业生返回母校，会三五成群结伴前来，往往也会带束鲜花、买点水果送给班主任。收到美丽的鲜花，我会把它们插在花瓶里，摆在最显眼的位置，勤换水，让它们尽量长久地保持鲜艳。

有鲜花陪伴的日子，我会比较频繁地找那段时间情绪状态欠佳的学生来办公室谈心。我的开场白往往会这样："你知道花瓶里的花是谁送的吗？它是汪老师上一届学生也就是你的学哥（学姐）送的。初二上学期时，他（她）和你一样，因为……希望你能从他（她）的成长故事中获得启发。"每一届我带过的学生身上都会有很多的故事，我会抓住送花毕业生与面谈学生相关联的故事，对面谈学生进行引导、激励。

甘甜的水果更要留些给班里的学生。考虑到班级人数多，我常常掏腰包再添补一些。我会让毕业生把这些水果都拿进班里，让他们亲手分发给学弟学妹们。分发完水果后，我会选派"探师"代表在班级里上一堂10分钟左右的微班会课，主题常常是"感恩三年的陪伴"。一位学姐回校后在微班会课上讲了这样一番话："初中三年的拼搏已成为我一生中最最美好的回忆。'先做人，后作文''常怀感恩之心，常有报恩之想'……我的心中始终激荡着汪老师说过的这些话……"同龄人的表白和心声往往更能得到学生们的认可并引起共鸣。

感恩教育不可少，励志教育更需要，我还根据来校"探师"毕业生的特点对学生进行励志教育。

有一年春假，我担任初三班主任，刚好我们当地的重点高中——开化中学高三年级创新班的三位男生来看我。于是我临时调整，把语文课调整为班会课，请三位男生为我们初三的学生加油鼓劲，主题确定为"我在开化中学等着你"。

学生鸿做了"如何调整学习心态"的即兴发言："初三来了，但是初三并不可怕，可怕的是那些毫无意义的猜想、侥幸心理和过重的心理负担。人生路上，注定会有很多挑战，心态不好，才会是那个弱者……"

学生抗做了"如何做好中考数学复习"的即兴发言："学习数学要学会思考，做题的目的是发现知识上的盲点，做错的题目一定要多反思、领悟……"

当年在初三时发生华丽蜕变的学生杉做了"坚持创造奇迹"的即兴发言："只要充满信心，坚持不懈，明天的海潮会给你送来意想不到的惊喜。中考中并不缺少黑马，也许你就会成为那一匹。与其成天担忧，不如奋起直追……"

见面会结束后，三位毕业生对我说："汪老师，今天的见面会很有收获，我们既是在为学弟学妹们加油鼓劲，更是在为自己加油鼓劲，'励人'更是'自励'！"

还有一次，就读于开化县职业教育中心的几名学生来看我，向我汇报了自己进入职高后的进步。刚好过几天学生要开始填报中考志愿了，我就让其中变化最大的毕业生睿进班与学弟学妹聊聊当年填报志愿时的纠结，聊聊自己进入职高后的心路历程。

"在职高两年多的学习，特别是学校的各种展示活动和能发展特长的必修、选修课，给了我们展示自己、提高自己的舞台。我们在不知不觉中找回了自信，也激发了学习的热情。填报志愿，我建议同学们不要盲目跟风，可根据自身情况慎重考虑，适合自己的才是最好的……"

只要用心思考、精心策划，毕业生春秋假"探师"就成了开展感恩、励志教育的大好契机。敞开校门，欢迎这些学哥学姐来校进班上一堂真切的感恩、励志教育课吧！

汪建军

开化县崇化中学副校长，兼任八（3）班班主任。教育部德育评审专家、浙江省中小学班主任工作室领衔人、衢州市名班主任工作室领衔人、衢州市百优班主任。

春游，应是一场预设与生成的欢宴

朱永春

研学旅行活动的育人意义现今渐渐得到大家的肯定，春游这一传统的研学活动也重新遇上了"春天"。

春游不仅是让学生亲近自然、调整身心的集体休闲活动，更是寓教于乐的生活课。上好这节课，班主任的工作不能只停留在常规的组织层面，不能以不出安全事故为唯一目标。要让春游成为学生终生难忘的快乐之游，活动前首先需要认真预设以保证活动的计划性，比如对目的地的环境资源要事先查资料，结合现场条件和设施做好方案的设计。其次，根据活动安排进行分组分工并落实管理责任也是活动前的备课内容。

像春游这样的研学活动，有无预设效果会有天壤之别。记得有一年学校出于安全考虑，把春游地点定在市内一个农庄里。由于这个地方许多教师都去过，加之景致单调，只有几块略有起伏的草地、一片浅浅的水塘和三两个凉亭，许多班主任对学校的安排颇有怨言。大家认为把学生"关"在这么一个无趣的地方一整天肯定管不住，一两个小时的游兴一过，学生无聊之余不知会惹出啥幺蛾子来。

与其他同事一样，这个农庄我也去过几次，地方的确小了些，也缺少能引起孩子们兴趣的游乐设施。但在学校已经明确规定地点的情况下，靠抱怨是解决不了问题的。所以我利用自己对该农庄地形布局熟悉的优势，与几个班干部积极"备课"：如何玩得久，如何玩得开心，如何玩得有意义。真是不备不知道，一备吓一跳：原来那个无趣的地方也有做不完的事情啊！

体育委员说："学校马上就要举行趣味运动会了，跳绳、踢毽子和颠球比赛我们班报名的人挺多，但到底哪几个同学水平高，一直没机会遴选，那边有水泥场地，正好可以来个班级选拔赛！我们只需带些绳子、毽子和一个足球就能在那里搞个'班级奥运会'了！"

语文课代表接过话茬："上次语文老师课上讲古代的文人雅士踏春郊游，玩曲水流觞和飞花令，农庄里正好有条弯弯曲曲的小水沟，我先去踩水车把流水引出，大家用几个水杯以饮料代酒，穿越到永和九年与王羲之一起重温兰亭之会。谁在飞花令中背不出古诗，谁就接替踩水车！"

副班长发话了："老师，原计划下个星期的班队课进行班级放风筝比赛，我看几个小组的作品都制作得差不多了，但原来计划的一节课恐怕时间不够啊，能不能也安排在庄园的大草坪上放啊?"我马上点头同意。

班长颇有想法:"老师,我爸爸他们公司最近搞了次拓展活动,有许多有趣的项目,比如信任背摔、车轮滚滚、卓越圈等,这些活动不仅好玩,还能培养大家的团队合作精神、挑战困难的拼搏精神,更能帮助我们释放平日的学习压力。我想根据农庄的具体情况拟出个详细的拓展活动方案来。"

几天后,年级组10个班级开拔去农庄春游。正如大家预料的那样,其他班学生转悠了一两个小时就无聊得要命,东一堆西一群要么闲聊要么发呆,或变成散兵游勇到处闲逛,甚至有两个班级的学生发生了口角,带队和管理的教师们被弄得焦头烂额,苦不堪言。但我们班由于有活动方案,更有"项目经理",活动一个接一个顺畅地进行着,笑声不断。师生共同参加的飞花令,更是引来全年级师生的围观,真的重现了兰亭当年"群贤毕至,少长咸集"的盛况。

不过活动的许多亮点并非事先设计和预料到的。比如,风筝比赛前,平时内向寡言的小芳向学习委员提议:针对即将来临的期中考试,每个同学在风筝上写下一句自我鼓励的话或定下的目标,在最漂亮的风筝上让班主任写下这次班级的目标并全班签名。就这样,原本一场简单的风筝比赛,被一个小小提议变成了班级期中考试的"誓师大会"。风筝比赛结束了,飞得最高的冠军风筝,正好就是我这个班主任写下班级目标并有着全班签名的那只。回收风筝时，大家一致要求将这只冠军风筝留在蓝天里。班长把手中的线紧紧地系在一根树杈上，让风筝一直飞舞，就像班级的梦想在振翅高飞。

还有一刻钟的时间就要回大巴车了。看到其他班级陆续出去坐车了，我们班也随即吹响了集结号。整队完毕，却看到园内的路上都是游客丢下的废纸果壳，有同学建议把这些"别人丢下的素质"捡起来变成"我们班级的素质"。卫生委员与班长立即分组分区，只用短短10分钟时间我们就将全园几条主干道上的垃圾收拾干净。在游客与工作人员赞许的目光中，我们踏上了归程。

就这样，这次春游活动因为有了精心的预设和不期而遇的生成，成了师生难忘的欢宴，至今令我们回味无穷。

班主任心语

虽然古训有言：人无远虑必有近忧。但我觉得，在教育上，不要让"远虑"毁了我们孩子的当下。

卢梭在《爱弥儿》里曾说："远虑！使我们不停地做我们力所不能及的事情，使我们常常向往我们永远达不到的地方，这正是我们种种痛苦的真正根源。"所以，教育不该是为了赢得未来，为了战胜他人而修建的密不透风的"斗兽场"，而应是让学生、老师和家长共同构建美好人际关系的游乐场，寓教于乐永远是教育的最高境界！

朱永春

桐乡市第三中学班主任，浙江省德育学会理事，正高级教师，浙江省名师名校长工作站德育导师。《浙江省中小学生日常行为规范（试行）》（初中版）执笔人，《中学生天地》杂志栏目主持人，曾被评为浙江省教育年度新闻人物。

即兴玩转的惊喜

——"我的创意班会课"微故事

毛小莲

班会的形式是丰富多样的,其中主题班会是最受师生欢迎的德育形式,是本人近年来开展创意班会活动的"实践乐园"。

以下是让我最为感慨的一节主题班会课——

第一幕:简约开场

那天,我班"好习惯益终生——拒绝二手烟,环保我践行"的主题班会如期举行。

在环保歌谣声中,两位小主持人踩着欢快的节拍精神饱满地上台:"下面,我们宣布星月美之家'好习惯益终生——拒绝二手烟,环保我践行'主题班会简约开场!"没有出旗、敬礼,没有整队、报数,也没有呼号、退旗,我们把时间挤出来,用来设计环保宣传卡了。

学生在评手抄报、说见闻等轻松愉悦的情境中，逐步认清了讲究卫生、爱护环境的重要性。

（主题班会一般开展班队活动，有"出旗、整队、呼号、退旗、辅导员讲话"等特定的模式与流程，当学生熟悉这些流程后，可以开启玩转班队活动之"开场简约化"的尝试——挤出宝贵的时间，精心预设活动方案，尽可能地编排一些内容精妙、形式多样的游戏活动。）

第二幕：即兴玩转

为了让学生落实行动，我们举行了集体签名活动。之后主持人请大家自由发表感悟。

这时，"皮蛋王"小牧羞愧地说："听了大家的故事与交流，我才知道讲究卫生、爱护环境极为重要，它是一个人健康的保障。以前我的卫生习惯不大好，扫地不洒水，饭前便后不洗手，还经常随地吐痰，乱扔纸屑。同学们劝告我时，我没听，还凶他们，真是后悔极了！要是世上有后悔药就好了！"

按原先的活动方案，说完感受之后，将进入即兴创编环保儿歌的环节。然而，小牧的"后悔表白"让我灵光一现。

于是，我走过去，微笑着搂住了他："说得好！老师为你知错悔改的勇气点赞！来，我领你取后悔药去！""啥？取后悔药?"小牧惊奇地盯着我,其余学生也不解地望着我。我嫣然一笑,径自走到卫生角,取来一把扫把,轻轻塞给他,意味深长地说:"独门秘制的'后悔药'我可是交给你了,接下来就看你怎么吃了。""好嘞!"小牧很是机灵,瞬间领会,抓起扫把,起身小心翼翼地把自己和邻桌的地面扫得干干净净。教室里响起了一阵热烈而持久的掌声。

(学生有感而发,真诚悔改的心意熠熠生辉,这正是即兴生成教育的绝佳时机。班主任应该善于观察与倾听,抓住教育契机,适当点拨引导。)

第三幕:顺势拓展

在掌声的感染激励下,教室里活跃起来,其余学生也开始寻觅可"吃"的"后悔药",自发自觉地弥补起自己的过错。瞧,平时乱丢纸屑的小韩悄悄弯腰捡起了丢弃在地上的纸团;往常指甲不剪、抽屉最脏乱的小杰拉住同桌的手,诚恳地道起了歉⋯⋯

我知道,即兴研发的"后悔药"发挥"药性"了。不过,只吃一颗,显然"服药期"太短,"药效"不明显。我转身征求两位主持人的意见:"亲爱的主持人,下面是照计划进入儿歌编创环节,还是在'后悔药'上继续做文章呢?"

两位主持人都对我的即兴生成活动充满信心，一致赞同后者。

于是，我微笑道："有病就得治！下面老师送大家一张神奇的'后悔病历单'，建议你们抓紧'克隆'下来，再摸清自身的毛病，用心填写"病名、病症"，并结合不良习惯的弊端，开出'后悔药方'，定好'服药期限'。老师相信你们不只是'聪明病号'，更是'最牛医生'，一定能尽早改掉坏习惯，做一个更完美的自己。"

在我的激情动员与引导下，学生乐滋滋地按照我的要求，认真地开起了"后悔药方"。之后主持人邀请"病号"播报自己开的"药方"，其余同学听后做点评。临下课前，大家还为悔过决心坚定、方法正确的"最美病号""最牛医生"颁发了"大拇指"奖章。

（利用学生"贪玩好动""喜新厌旧"等心理特点，打破活动常规，改变游戏玩法，能开创班会活动的新局面，让每周一期的班会课出新意，绽放智慧，同时还能让学生习得美好的品行习惯。）

这次成功的班会活动使我尝到了即兴玩转的甜头，在之后的主题班会课上，我结合班级现状以及工作需求，指导学生开展了如诗词联盟会、元旦才艺展演会、缤纷暑假分享会等一系列活动。

当然，玩转创意班会，不只局限于搞主题班会，学习任务重的时候，可以静静地听音乐、看新闻、猜谜语、讲笑话。同时，即使一节课就只玩猜谜语，咱也可以智慧玩转，如可以变化猜的对象，先教师说学生猜，再学生说教师猜；可以变化猜的内容，比如猜人物、猜成语、猜歌名等；可以照搬书上的，也可以集思广益自编自创……这样自由、开放、宽松的班会课，学生怎么会不喜爱呢？

班主任心语

"教育，不是约束与控制，而是激发与唤醒。"我一直信奉并推崇"抱团活动、创意整合"的治班理念，依托"莲心·巧育"系列班团活动来传递"孝恩礼仪"的超强音。通过分团开展"送春联""植树造林""感恩在行动"等有创意的班队实践活动，使学生感受参与活动的无限乐趣，同时助推学生挑战自我，学会协作，健康成长。

毛小莲

江山市解放路小学"莲心·桥"班主任社团负责人,衢州市名班主任工作室主持人,曾获衢州市优秀班主任、江山市首届名班主任、江山市"十佳"辅导员等荣誉称号。

你的成长，我盛装以待

费 颖

一、见面会

"一、请将学籍卡和校讯通的通知分别放在靠窗的两张桌子上。"

"二、请自行选择一个座位，并在黑板右边的坐标上写好自己的名字和到校的时间。"

黑板上，整齐地写了两个通知。

"任何时候，别忘了带一本书。"

每张课桌上，都静静地躺着一本书，翻开扉页就能看到这句话。

讲台边，老师安静地坐着看书，神情专注。学生们喧腾地走到门口，突然压低了声音。

其实，老师在用她的"第三只眼睛"打量着每一位进来的学生。毕竟是师生的第一次见面，她和学生们一样，充满了了解对方的渴望。

第一位学生进来,扫了一眼教室,有点惊讶地笑笑,还没来得及跟老师交流,又有3位学生说说笑笑地进来了。正想询问,其中一个轻轻地说:"黑板上有通知。"于是,4个孩子边看通知,边合计着什么。

学生们陆陆续续地进入教室,有有条不紊的,有不知所措的,有忙着请教的,有不管不顾的,各种表情在教室里"穿梭"。

老师还是静静地看书,似乎身边发生的与她无关。

30多分钟后,学生们找到了各自的位置。一时间,教室里鸦雀无声,学生们在期待自己的班主任抬起头来,跟他们说些什么。

但老师还是在静静地看书,头也不抬。

教室里开始轻轻地骚动起来:两位学生翻开了桌子上的书,迫不及待地看了起来;几位学生犹豫了一下,也翻开了书,但看得不专注;有几位始终坐得非常端正,以等待的姿态看着老师;还有几位开始小声地聊天,猜测老师为什么不说话;甚至有几位跑出教室,看看其他班级在干什么……

悬念设置够了,老师终于站了起来。

"我叫费颖,是你们的班主任;看书时,我是一位安静的美少女战士。"

学生们哄笑。

"刚才,你们完成了进入初中的第一次考试。成绩如下:第一,32位同学根据通知上交了材料,选择了座位,这说明你们的观察能力和自我管理能力很强,但是有两位同学坐错了位置——21、22号同学,因为你们在找座位时不够专心。"学生们下意识地找21、22号同学。

"第二,有32位同学至少提前了3分钟到校,这是一种认真对待的态度,很好;当然,按时到的同学也有很强的规则意识,也很好。但也有两位同学迟到,我想你们可能对于到一个新环境没有预留充足的时间。"学生们又开始看黑板上的时间。

"第三,我们看黑板,有15位同学在书写时很讲究礼仪,懂得把握字体的大小,给后来的同学留有书写的空间。"老师边说,边用红笔圈出了书写合格学生的序号。

"第四,我们看上交的材料,校讯通从第五张开始乱了,学籍卡从第八份开始乱了。交任何东西都要讲规矩,大家整整齐齐地交,看着舒心,还可以节约整理的时间,与人方便就是与己方便。"

"第五,我遗憾地发现,对书本有着强烈感情的同学不多。老师非常想认识2号和15号同学,请这两位同学上讲台做自我介绍,因为他们一看到书,就迫不及待地翻阅起来。"被点名的两位学生有些自豪地上台。

"老师建议你们，任何时候，别忘了带一本书，这样你的时间就不会浪费。这些书都是我看过的，上面有批注，这也是我将来要送给你们的礼物，因为我认为将自己的读书心得分享给他人，书会更有价值。今天，得满分的两位同学将得到我的第一份礼物。"

在同学们羡慕的目光中，2号和15号学生接过了他们进入初中的第一份礼物——我读过、批注过的书。

掌声响起，新生见面会在掌声中落幕。

孩子们，我用阅读迎接你们，希望你们能将阅读进行到底，因为，知书就能达理，达理才能明志。

二、活动反思

重体验。初中的要求是什么？我们班级的规则是什么？老师的要求是什么？这些问题，与其喋喋不休地讲给学生听，不如设置情景让学生去参与，去体验，去反思，从而使学生自己形成对班级和老师的理解。

重身教。老师近一节课的静静阅读，一定会作为一道风景留在学生的记忆里；那本有批注的书一定会引导学生将阅读作为孜孜不倦的追求。

重细节。比如引导学生注意书写的礼仪、见面的时间、交材料的规矩，让学生真切地体会到细节的价值。老师将自己批注过的书作为礼物送给学生，传递的是这样一个信息——书是最好的礼物。

重整合。每位老师都有自己的教育理念，每所学校都有一套管理体系，探索将自己的教育理念整合到学校的管理体系中，在学校的常规工作中不断创新，才能促进班集体的高效和谐发展，从而实现德育工作的轻负高质。

班主任心语

在教育的沃土中，我致力破茧为蝴蝶型的教师。我醉心于在语文教学中提升学生生命品质，以独特视角建立与学生的感情，努力将文化魅力、思维深度、生命能量注入课堂，以"做格局"的智慧，创新设计"一本书的诱惑"新生见面会、"朋友拼图"、"治愈成绩单"等品牌班级活动……将有意义的事情做得有意思，在教育教学的第一线，我和我的学生互相崇拜，幸福成长！

费颖

　　任杭州市朝晖中学班主任二十九年，浙江省师德楷模、浙江省教改之星、杭州市模范班主任、杭州市优秀班主任、浙江省家庭教育讲师、中国陶行知研究会青春期家庭教育工作室领衔人、全国名师大讲堂特聘专家。曾获全国教师教学艺术大赛一等奖（语文），中国陶研会青春期教育"原创课堂"教学大赛一等奖，中国陶研会家庭教育工作坊一等奖。课题《学校道德教育生活化、情感化、社会化》获全国班集体建设课题评比一等奖。5集专题片《费老师班的研讨会》由杭州市教科所成功拍摄。

第三辑　出其不意的灵感

　　报个喜,扯个闲篇,给个台阶,仅仅是报个喜、扯个闲篇、给个台阶吗?

　　优秀班主任的世界里,有太多的出其不意、灵感突现。

一块钱的争论

费玲妹

有阳光的日子，孩子们总是那么兴奋，师生一起玩篮球也很有意思。大家玩着球，一会儿就有了竞赛，看谁拍球次数多，最多的同学负责还球。同样一个游戏，加入一点小竞争就提升了玩耍的乐趣，而还球则成了奖励。

忽然，小杰悄悄地告诉我，在跑道和水泥地之间的小缝里发现一个硬币。说着，还拉我去看。果然，一元钱夹在缝隙里，足有两寸多深，看来被人遗忘很久了。

我问小杰："你看怎么办？要不要？"

他忙说："我去找两根小树枝，把它挑出来！"很有信心的样子，一会儿从围墙边找来两根很细的树枝，一个人专心地拨弄起来。

我继续看孩子们玩球，发现小慧在教卿卿传球方法，就和她们聊了一会儿。等我想起小杰时，发现他一个人还在拨硬币。旁边的许潇看得着急，帮他把硬币挑到宽一些的缝隙里。

我赶紧用手机上的磁铁去吸硬币，竟然成功了。

"哈哈，我拿到硬币了！"小杰特别开心。硬币很脏，沾满了泥水，小杰却如获至宝地给大家展示。然后一个人跑去把硬币洗干净。

一枚闪亮的硬币放在小杰手心里，他问我："这一块钱怎么办？"我知道小杰的意思，希望得到我的表扬。我想了想，笑着说："既然是你找到的，这一块钱就归你吧！"

小杰有点惊讶。这有悖于平时的教育。

旁边的同学听到我这么说，也很惊讶，忙说："拾到东西要交还失主或上交，怎么可以占为己有呢？"

一会儿，好多孩子听说这件事，都挤过来和我说，这一块钱不能归小杰。

"为什么不能给他呢？这一块钱是小杰发现的，他还想办法把钱拿了出来！"我笑着对大家说。

"一块钱也是钱，可不能随便归自己，这样不好的！"

"如果找到一块钱归自己，那找到其他没有主人的东西也能占为己有了？"

顿时，一群孩子七嘴八舌地争论开了，大家越说越激动，连排队回教室都忘记了。我请持不同观点的孩子分成两队，每队派代表上来进行争辩，谁能说服大家，大家就听谁的建议。一下子，原地分成两队：一队的观点是应该把一块钱上交保安或老师,还给失主;二队的观点是一块钱可以归小杰。大家一边走回教室,一边争论,叽叽喳喳,像一群小鸟。

课间10分钟,孩子们还在争论,我要求争论时必须先摆观点,再说理由。

小鲁说:"我的观点是一块钱应该交由保安或费老师转给失主。因为,我们每个人都知道拾到物品要交还失主。"

"这一块钱的失主在哪里?我们能找到吗?"

"我们可以请警察来检验指纹,就可以找到失主。"范范说。

马上有人提出反对意见:"检验指纹肯定是行不通的。因为硬币在缝隙里很久了,还下过雨,小杰刚才还去清洗了。如果有指纹,应该是小杰的。"读过侦探小说的孩子很有这方面的经验。

"我们可以在广播里问,是谁在操场上丢掉了一块钱。"大家顿了一下,感觉这个办法可行。

聪明的孩子还是会思考:"如果我们在广播里问是谁丢了一块钱,肯定有很多人来认领的!"

我问:"真的吗?我们来试一试,我们班谁丢掉过一块钱?"教室里一下子举起好多只小手。看来依靠广播找失主,这个办法行不通。"一块钱找不到失主,是不是可以归小杰了?"

"我觉得还是不行,这个钱本来就不是他的,不应该归他所有。"

"大家为了一块钱,讨论了半天,不如把钱放回缝隙里算了。"这个办法显然太消极,大家一致反对。

"费老师,你的观点是什么?"小崔忍不住问我。

我说:"我也不知道,我要听听大家的意见。既然交公也不行,占为己有也不行,那我们能不能想一个解决的办法?"

上课铃响了,我们先上课,下课后继续讨论。到了中午,大家还在讨论"一块钱"。下午放学前,我们又讨论"一块钱",这次讨论的重点是怎么处理这"一块钱"。

忽然有孩子提出来:"费老师,你明天去给小雪上课吗?我们把钱给小雪,让她拿去治病吧!"

嘿,好办法!可是有人提出意见:"给小雪一块钱,太少了吧?不如买点东西送给她!"

此时,我忽然想起这两天海宁义工在市区广场为小雪募捐,就和大家说了募捐的事。我说:"一块钱还是请小杰保管。明天,请他代表我们班去广场捐给小雪,行不行?"

"我同意费老师的观点!""我也同意!""这个好!"

小杰提出了自己的观点:"老师,捐一块钱是不是太少了?"

"帮助他人,关爱他人,不能看钱多钱少,我们有主动帮助别人的心,这是最好的。如果大家都想帮助小雪,这两天可以去广场捐自己的零花钱呀!"

于是孩子们又开始讨论,怎么去捐钱,捐多少钱。

放学了,关于"一块钱"的讨论终于结束了,但是"一块钱"才刚刚开始发挥作用……

班主任心语

二十七年来,逐渐从这繁忙琐碎的工作中,感受到作为班主任的成就感和价值感。

我知道,班主任不仅是教育者和指导者,更是孩子们成长路上的同行者。我和孩子们一起学习、阅读,一起感受实践活动的乐趣。我有义务,也有责任,让每个孩子了解世界,感受这个世界的美好。我们走进田野、村庄和草原,读懂什么是自然与高远;我们走进城市、公园和博物馆,感受中华历史的精彩与博大;我们调查、采访、考察,发现生活的丰富与多彩。我的教育理想是"用我的专业和智慧,点燃每个孩子的信心与热情"。

我爱教育,爱学生,爱做一个有情怀的教育者。

费玲妹

海宁市桃园小学语文教师。任职二十七年，当了二十七年的班主任。浙江省班主任工作室领衔人，浙江省师德楷模，浙江省优秀教师，嘉兴市德育名师。

报喜鸟行动："名人"真的成了名人

郑碎飞

三年级开学的第一天，教导主任领着一学生站在教室门口，说是位转学生，叫东（化名）。这是一位高大、帅气的男生。我请东自我介绍。他很神气地走上讲台，大拇指一跷，说："我是学校的名人，连校长都知道我！"

这"名人"到底"名"在哪里？

那天的美术课，我坐在教室听课。其实我不是来听课的，而是来观察东的。我准备了课堂观察记录表，分5个时段对东的课堂行为进行记录。东有时会一动不动地盯着天花板或窗外，有时会全神贯注地玩笔或咬手指头……没过三天，各学科老师纷纷向我反映：课堂就像他家，随便走动；有时候老师一转身，他的座位上就没人了；在学校里找，也许蚂蚁窝边就有他。

通过连续一周的课堂观察、课余交谈、与家长沟通，我发现东有以下五个特点：学习动机不强，对学习没有什么兴趣；

缺乏三年级学生该有的倾听、专注、识记等学习习惯；缺少安全意识，经常会在教室里消失；注意力持久性差，课堂注意力最多集中5分钟；不自信，他的口头禅就是"我学不来的"。

休息日我特意去家访，老远就发现他在小区门口迎接。他把我领进整洁有序的书房，一问才知道他早上六点半就开始整理。而在我翻看他的课外书时，他端来了一大碗甜蛋羹。我拿小碗分了一点，他将剩下的分给了奶奶和妹妹。

回来后的班级晨会上，我真让他当了一回"名人"，隆重向大家介绍了我的家访见闻。东赢得了同学们的第一次掌声，热烈的掌声！获得掌声之后，他就喜欢亲近我了，开始有事没事找我聊：笔借给谁啦，帮谁拿东西啦，什么时候得到老师表扬啦，等等。这时，我都会笑眯眯地告诉他："老师喜欢听你的好消息，希望天天听到你的好消息！"

有了前面的基础打底，我请东和妈妈一起来制订一份"约定中成长"的报喜鸟行动计划。首次的约定内容很重要，约定什么呢？眉毛胡子一把抓肯定是不行的，那就从最让人操心的"从教室消失"和"课堂走神"开始。约定如下：第一，不随意离开自己的位置；第二，认真听讲不少于10分钟。商量的时候，东还挺乐意的，不就是坐着不走神吗？

说起来容易，做起来难啊！第一天、第二天还不错，但是第三天人就不见了，而且一离开就是三节课。一周下来的自评里，他给"不随意离开自己的位置"评了一个表示"差"的哭脸。我却在"认真听讲不少于10分钟"一栏画了笑脸，在"不随意离开自己的位置"一栏画了一个表示"合格"的平脸，告诉他："你进步了，这星期上课只出去一次，相信你下星期会更努力的。"就这样，东拿到了报喜鸟行动的第一份奖励——5颗红五角星。我也通过报喜鸟行动"老师的话"这个栏目向家长及时通报了这个喜讯。

临近学期尾声，进入了复习阶段。周四下午第一节课后，东耷拉着脑袋来到我办公室。"有事吗？"我问。"英语老师让我来找你。"他支支吾吾地说。我心里开始打鼓，但还是平静地问："怎么啦？""同桌的复习卷被我撕了。""你坐老师的这个位置，以'复习卷粉身碎骨记'为题，把事情的经过写一写。"我马上和英语老师取得联系，"他坐在位置上发愣，同桌好心提醒他抓紧做题目，他还大吼一声'你烦不烦啊'，一把抓过同桌的卷子三两下撕掉"。

该怎么让孩子看到自己的进步，为自己的进步喝彩？该怎样让他学会扬长补短、缓释焦虑？

于是，我召开了一次名为"优点一箩筐"的班会课，组织孩子们分小组交流同学的优点。当同学将小组讨论的东的优点一条一条朗读出来的时候，东的脸上笑开了花。我将同学们写给东的评价以及他的照片用粉红色的纸打印出来，很隆重地颁发给他。当天晚上就接到了他妈妈的短信:"今天看到儿子拿回家的红纸,真的很感动。现在他正很用心地写作业,说自己要更好地达成约定。"

经过两年坚持不懈的努力,东在改变。原来他最头疼的习作已经成了他的最爱。一次,我发现了东一篇很有童趣的习作《动画片——我的最爱》,就推荐给了媒体,并给编辑写了一封长信。感谢编辑,习作真的发表了!学校给东发了一张"喜报"。东的妈妈打电话给我说:"郑老师,现在我对孩子越来越有信心啦!"后来,不单单是对学习有了兴趣,东还以他出色的文明礼仪和积极肯干的工作态度赢得了同学们的支持,担任了学校领操员、旗手等工作,成了校园里名副其实的名人。

这是我坚持了二十多年的报喜鸟行动中的一个案例。报喜鸟行动曾被全国著名教育专家周一贯先生点评为"一件功德无量的事"。

要知道,孩子们智能的发展是不均衡的,一旦找到发展的最佳点,就会有意想不到的收获。尊重孩子的差异,关怀备至地呵护孩子的成长,找到孩子身上的闪光点就能激发他们的热情、活力和自信。这种情感的共鸣和激发,就会在孩子内心建起一座温室大棚,营造孩子心灵世界的盎然春意。报喜鸟行动其实验证了著名教育家第斯多惠的一句名言:"我们认为教育的艺术不在于传授本领，而在于激励、唤醒、鼓舞。"

班主任 心 语

"班主任是终身行善的职业。""善"之于学生，即关爱每一位学生，关注学生每一点，做学生的"心上人"。

几十年如一日坚持开展报喜鸟行动，悦纳不同类型的学生，唤醒每一位孩子的潜能，为每位学生量身定做成长方案：刚柔并济，做"问题"学生的魔术师；呵护备至，做学困生的陪伴者；锦上添花，做千里马的伯乐；量身定做，做跳级生的护花使者。

郑碎飞

浙江省德育特级教师，温州市实验小学班主任。醉心于班会课研究，曾获全国、浙江省、温州市中小学主题班会课优质课评比一等奖。被评为全国优秀辅导员、浙江省师德标兵、浙江省教坛新秀、温州市劳动模范、温州市名班主任、温州市德育先进工作者。兼任温州大学顾问教授、浙江省中小学班主任工作室领衔人、温州市郑碎飞名班主任工作室主持人、温州市家庭教育新雨讲坛讲师等。

"扯闲篇"的魅力
——也谈班主任的语言技巧

周　红

童年是一个非常独特的年龄阶段，有自己独特的任务。童年除了要向外延展，还要向内积累。一个人内在的力量强大了，才能很好地把控自己，未来才有可能处理好自己和世界的关系，才能在人生中获得主动权。

要想达成这些教育目标，就要珍惜每一次的教育契机。与学生谈话的机会无处不在，主题教育谈话是班主任们常用的方式。可是单纯、空洞的说教，只会让学生听得直打哈欠，更会从心里抵触。

做老师需要智慧。"扯闲篇"是我喜欢的一种教育方式，寻找合适的契机，运用巧妙又富有感染力的语言开展教育活动可以帮助学生改正不良的学习、生活习惯等。"闲篇"扯得好，我们的教育生涯会处处充满惊喜。

午间"闲篇"

有人说,中国的文化不少体现在餐桌上。我常常喜欢坐在教室里吃饭,因为吃着聊着,学生和我的距离也在不断拉近。我的那些个"闲篇"也就是这样开始扯的。

这一天,我又端着饭菜坐进了教室。班级的"挑食鬼"凑过来看看我的饭菜,嬉皮笑脸地说:"周老师,你今天的菜比我的好!""是吗?"我已经听懂了他的意思,"你那个干菜蒸肉我喜欢,要不咱俩换换?"嘴上说着"不好意思",但是他很快与我交换了菜盒。"周老师,今天我们聊会儿吗?"聊了几次,"精灵鬼"好像有些摸到我的"门道"了。

"嗯,不过今天,我有个问题要请教大家!"我改变了进入话题的策略。"什么?"听到老师有问题要请教,大家的兴趣一下子来了。我接着咬了一口干菜蒸肉:"味道还不错。"孩子们听了都笑了。在宽松、放松的环境中,我开始慢慢进入主题。

我:我家邻居最近请教我一个问题,为什么他的孩子回家不肯马上做作业?

生(七嘴八舌):我也是……我妈妈也常常这样批评我的……

我:那大家放学后回家马上做作业吗?

生：不做。（大多数举手示意）

我：那你们一般做什么？

生1：一边吃零食，一边看课外书。

生2：我要出去玩一下，边吃边玩。

我：哇，大家都是这样边吃边看书或边吃边玩的啊？

生3：这样可以节约时间。休息15分钟后就能做家庭作业了。

生4：我更节约，一边做作业，一边吃点心。

……

我心里暗暗想，怪不得最近的作业本上，总是有油迹、饼干碎屑什么的。

我：大家这么珍惜时间啊！可是，周老师认为15分钟太急了，你起码可以先休息30分钟再做。

生：真的啊？（兴奋、满足地笑）知道了。

我：不过听了大家的安排，最让我担心的是一边吃一边看书不利于消化，一边吃东西一边运动更有害于健康。若以后遇到类似的情况，一定要大胆地跟老师或家长说："这是不科学的！"

从"放学后回家马上做作业吗"这样一个很简单随意的话题开始，引领着学生们一步步展露出他们学习生活的"实况"，从而很有说服力也很自然地提醒学生养成科学的学习、生活习惯。同时，又鼓励学生去纠正长辈或老师可能犯下的错误，潜移默化地培养学生的正气和个性。这个"闲篇"扯得挺自然，收效也很好。

课间"闲篇"

一次，班级里来了几个实习老师。下课了，我听到几个孩子和他们在闲聊，就不自觉地加入了他们。

有个学生提到自己的外公如何威名远扬，创立了一家很大很出名的公司。看着他那洋洋得意的神态，再看看周围的同学一副羡慕的样子，我显得很随意地跟三个也瞪大了眼睛的年轻实习老师聊起了天："你们都是哪里人？"

"哦，周老师，我是……"

"那么，程老师，你听说过他外公的公司吗？"

那个年轻老师遗憾地摇摇头。

"喔，没听说过真遗憾！"我对着那个学生说，"程老师是衢州人，你外公的公司也在衢州。她没听说过，说明你外公的公司还得发展。"

我发现那个孩子红了脸，低下头不敢看大家了。

我抬起他的头，慢慢地说："你外公年纪也大了，他创下的基业的确了不得！但是当今社会，讲的是高科技，是'互联网+',那么,你准备好了吗?你外公的公司,一定需要长大后的你去发展啊!"

只见那个孩子满脸羞愧,若有所思地点着头。我周围聚集的孩子越来越多,于是我转向大家:"家里人有成就,并不是你可以骄傲的资本,你是否得到受人尊重的地位,就要看你有多少作为。"接着,我跟孩子们聊起了他们长大后的不同志向。

对学生不恰当的思想、习惯及态度,老师如果能摆脱"说教腔",用一种比较自然的方式予以引导,那将使学生得到实实在在的教育。有的时候,扯一扯"闲篇",是获得教育成功的润滑剂,您不妨一试!

班主任 心语

班主任要做"好玩的德育",使德育产生持久的吸引力,还需要结合孩子们的好奇、好胜、好表现的心理需求,通过有趣、时尚、富有挑战性的活动,激发他们主动参与的热情。

最在意的是给予学生公平、公正的环境。会默默地关注那些容易被忽略的孩子,小心翼翼地呵护其幼小的心灵,当诚挚的守护者和引导者。从学生们的成长中,我获得了巨大的满足感。因为我深信,只要向孩子敞开心灵的大门,孩子的心门也会敞开；只要给予孩子信任和温暖，不仅会获得同样的回报，还会收获更多的激情和梦想……

周 红

杭州市天长小学班主任、浙江省优秀辅导员、教育部"国培计划"项目授课专家、浙江省"名师网络工作室"领衔人、首届"浙江省百名中小学班主任工作室"领衔人、浙江省"领雁工程"德育导师。个人专著有《爱与美的印记——我的班主任工作的随性感悟》。

教育,要寻找合适的台阶

曾容容

作为一线教师,我们每天都会遭遇各种各样的教育问题。"简单""快速""直接"……这些看起来能有效处理问题的理念有时候用在处理教育问题时,往往会起到反作用。"简单"也许会蒙蔽本质,"快速"也许会导致无效,"直接"也许会走向粗暴。因此,在解决问题的时候,我们要创设各种合适的机会,尽量给学生留台阶下,让他们的自尊得到保护,让他们的隐私或难言之隐有安放的空间,避免其在成长过程中留下难以弥补的缺憾。

在同伴面前,给学生一个台阶下

一个夜晚,学生下了晚自习刚刚回来,寝室大门敞开,我很自然地就进去了。一股浓烈的烟味弥漫着整个寝室,我皱了皱眉头,一眼瞥见桌上放着一包香烟。大家都用惊讶和不知所措的眼光看着我。看得出来，我很生气。我很想当场质问："这是谁的烟？""是谁在抽烟？"抬眼看见站在桌旁的班长，他刚好是这个寝室的成员，我心里越发生气。但我还是忍住了怒气，嘴里蹦出了一句话："大家先休息吧。"说完顺手拿走了放在桌上的烟。

我很想质问班长这到底是谁干的，但我放弃了。我知道只要我一开口，就会让他陷入"不仁不义"的境地：如实汇报，在同学面前，他会成为"叛徒"；选择闭嘴，他会觉得愧对老师。而如果私底下盘问、调查，让寝室的同学互相揭短等，也许很快会找到这个抽烟的学生，但很有可能这个寝室的同伴会长期陷入互相猜忌、相互埋怨的阴影中。这个年龄段的学生，同伴价值感很强。如果去"破案"，会得不偿失，是违背教育常识和教育规律的做法。就在我选择沉默后的第四天早上，我发现办公桌上有一张纸条，上面赫然写着："对不起，老师。香烟是我的，寝室同学和老师给足了我面子，我会改正错误的。"

在尴尬面前，给彼此一个台阶下

一个闷热的午后，物理课代表偷偷地溜进办公室，用压得很低的声音对我说："老师，我想向您反映一下物理老师的事。"我关上办公室的门,让她放心说出来。物理课代表对物理老师评价很高。她说物理老师认真负责、水平高,但同学们对他很有意见。我很纳闷。小姑娘脸红红地憋出一句话:"物理老师老是占用我们的课余时间,晚自习、午休,甚至课间他都不放过。"这真是个棘手的问题。我这个当班主任的还真不知道该怎么说。如果选择直言不讳,很可能会打击物理老师的积极性乃至伤及老师的自尊;如果选择缄默不语,将无法给学生一个交代;如果选择让课代表与物理老师沟通,就会让课代表陷入两难的境地。

我选择了一堂班会课,并把任务交给学生——"写给任课老师的悄悄话"。学生可以匿名地对任何老师提建议。结果,不仅仅是物理老师,其他老师也收到了来自学生的"悄悄话"。这次活动,不仅维护了老师的自尊,还使师生沟通达到了非常好的效果。学生收获的不仅仅是老师们的改变,也懂得了师生沟通中要给自己的隐私和老师的自尊寻找一个台阶下。

在隐私面前,给学生一个台阶下

下午第二节体育课后,小玉情绪低落地走进我的办公室,欲言又止。原来,她刚买的放在抽屉里的随身听不见了。

我不动声色地在班级里从侧面了解了一下情况,发现随身听很可能是下午第一节课后弄丢的。怎么办？不能搜身，又不能公开问是谁拿了。但小玉丢失随身听的事已经在班里传开了，学生们议论纷纷，有的在猜测谁是体育课后最早到教室的，有的甚至提出来一个个排查……

这件事再缓下去会发酵得更厉害。第二天班会课上，我很坦然地把小玉丢失随身听的事说出来，让学生们不要互相猜疑。我说："无论是谁拿的，老师都相信他不是故意的。但对小玉而言，她丢了东西心情很难受。现在请全班同学给小玉写一封安慰信，也给偷拿别人东西的同学写一封劝导信。前提是匿名。"

一天、两天、三天过去了，没有动静。第四天，小玉的随身听回到了她的抽屉里。这事件前后，这群高一学生都很默契地选择沉默。这四天里，拿走随身听的学生也许心里比较煎熬，但更多的应该是反思、自我教育。从始至终，我不知道是哪个学生拿走了小玉的随身听，但我始终认为，在涉及学生隐私问题的时候，一定要给他一个台阶下。这个台阶的意义远远不止于呵护一个孩子的成长，对所有学生而言，这都是自我教育。

因而，处理教育问题，要借助于各种"台阶"，找到适合学生身心发展的教育方法，讲究教育艺术，从而提升教育智慧，更新教育理念，总结教育规律。

班主任心语

我觉得作为教师，特别是班主任，最根本的职责在于引导孩子遇见更好的自己。

孩子在成长过程中，因为身心发展的不平衡，总会遭遇各种各样的问题，所以，他需要一个引路人或者引领者。教师就是孩子成长的引路人，不仅要给予精神上的关怀，更要教会他们面对问题、解决问题的方法。对于犯错的学生要给予宽容、激励和帮助，要做学生生命中的"贵人"。如果一个孩子遇到的班主任是冷漠的，对他成长中遇到的麻烦或问题都是不理不睬的，我觉得这是一名不合格的班主任。

曾容容

温州市教师教育院班主任师训员，浙江省德育特级教师，温州市名班主任，浙江省班主任专业委员会首届理事，浙江教育报刊总社首批"名师成长"导师库德育类导师，温州市德育学会副秘书长。主要从事一线班主任工作研究和班主任培训工作。

让教育多一份出其不意

杨春林

"每月一歌"是班级的传统项目。在我看来,每天早读课前5分钟,全班学生齐声高唱励志歌,在激情澎湃的旋律中,开始新一天的学习生活,这是班级的一抹亮色,也应该成为班级快乐生活的主旋律。

上个月的"每月一歌",是一首英文歌曲——南非世界杯歌曲《飘扬的旗帜》。两周过去了,学生代表走进办公室,说已经会唱了,要求换歌。我知道学生的心情,同一件事情做多了会厌烦,每天的跑操、卫生打扫,包括有些在他们看来太过简单的背诵什么的,学生都很容易厌烦。我笑而不答,告诉他们,要真正学会一首歌没这么容易,建议他们回去再唱一个星期,把歌曲彻底弄熟悉。

带着几分不满意,以及不想被老师小瞧了的情绪,学生们又坚持唱了一周,然后又要求换歌了,并进一步提出,以后半个月唱一首即可,否则没有新鲜的感觉。我告诉他们,我理解他们的心情，但既然是"每月一歌"，就要坚持一个月。就算要改革，也应该坚持唱完这个月，下个月再开始实施新计划。为了体现他们也有规则意识，学生们又坚持唱了一个星期。

当然，这后面的唱歌效果并不理想，学生们唱歌的情绪低落了很多，唱歌只是为了完成任务。怎样让"每月一歌"真正体现价值？怎样让学生明白做再简单的事也需要一定程度上的坚持？怎样让这些有点心高气傲、自以为是的家伙低下头来好好思考？嘿嘿，挖个小坑，给他们点"颜色"瞧瞧。

这个月第一周周一的班会课，我走进教室，让学生们拿出默写本，做好默写的准备。学生们满脸疑惑，你看看我，我看看你，一边拿本子一边嘀咕："没有布置过默写任务呀！""叫我们写什么呀？"

"全文默写上个月的'每月一歌'。"我揭开谜底。

"啊！"学生们怪叫着，手忙脚乱地开始默写。时间一到，同桌相互交换默写本，对着投影的答案，用红色笔批阅。结果，全班50个人，歌词全部默对的一个人也没有，错误在5处之内的，也只有可怜兮兮的几个。

我趁热打铁："同学们，唱了两个星期，你们觉得你们已经熟悉了；再唱一个星期，你们觉得你们已经全掌握了；再唱一个星期，你们觉得是在做无谓的重复了。那么，现在看看，你们真的会了吗？你们真的掌握了吗？事实证明，一切都是假象，一切都是错觉。我们学习的时候很容易浅尝辄止，往往有点知道就感觉差不多懂了，有点懂了就觉得差不多掌握了，但结果呢？希望同学们多一份细腻，多一份严谨，多一份务实，千万不要做'差不多先生'。"

面对惨不忍睹的默写本，学生们若有所思。这之后的"每月一歌"，学生们都用心用情地唱，每首歌都认真唱足一个月，再也没有出现要求换歌的情况。

面对类似事件，老师在坚持自己的想法时，无非采取以下两种态度。

第一，直接表明态度，严肃批评，让学生接纳老师的想法，并按照老师的旨意办。只是这样的教育，虽快捷方便，但学生往往只是"臣服"，未必"心悦"。经常听老师和家长抱怨，教育低效甚至是无效的，那是因为很多道理都是由我们直接告诉他们的，而非孩子主动建构的。这种快速打包催熟法，在一定的阶段内，也许是可行的，但绝不是长久之计。

第二，隐藏观点，创设情境，让学生在经历中成长。这样的教育，或许更费时费事，还要等待最佳的时机，但学生获得的认识源于真实的体验，不仅"心悦"，而且"诚服"。当然，情境的创设，需要有生活、教育的智慧，不能只是纯然的生活再现，而应是生活的提炼和迁移。

"纸上得来终觉浅，绝知此事要躬行"，只有内化于心，才能外化于行。教育，我们要慢下来，用真诚和智慧，给学生带来成长的体验。

班主任心语

当班主任，是非常辛苦的事情。不过，如果摸着门道，体会了其中的味道，当班主任其实是非常幸福的。

班主任能推动学生走向未来，有些时候，甚至能影响和改变一个家庭。要当好班主任，在我看来，最重要的是，要深切体会到工作的意义并为此付出，对教育管理和学生的发展进行顶层设计，接受学生要犯错误的现实，能够接纳不同特征的学生。

若能如此，班主任的春天也就不远了。

杨春林

杭州市优秀班主任、杭州市最美教师、杭州市育人先进个人、全国百佳班主任、全国班集体建设先进个人。语文教学大赛全国一等奖获得者。著有《变出品牌班级》等。

我和学生谈"情"说"爱"

潜海龙

一天课间,我们班的陈杰和吕朋在讲台上翻看《平凡的世界》,像发现新大陆一样激情地欣赏着书里的"黄色"情节:"……两个人在黑暗中拼命地厮打起来——在这万般寂静的黑夜里,李向前要强奸他的妻子了……"

两个调皮的男生一边看一边笑,引得好多同学围观。教科学的女老师发现后,特意跑到办公室来找我,要我这个班主任赶紧过去处理一下。她气呼呼地跟我说,两个男生在看"黄色书刊",还明目张胆、大张旗鼓地在讲台上看,真是太放肆了!

读过路遥《平凡的世界》的人,可能都还记得,李向前的妻子田润叶,真正爱的人是孙少安,然而阴差阳错,跟李向前结婚了。一开始她跟李向前有夫妻之名,却没有夫妻之实,于是有了书中那"黄色"的一幕。

面对那样的场景,当时我是这样想的:如果我把他们叫过来骂一顿,好像不是教育,也许他们还会偷着乐呢;如果我不闻不问，那也不行，他们竟然把一部优秀的长篇小说给看歪了。

后来，我做了这样的尝试：

我要求两位男生在一个月内把《平凡的世界》看完，并做好读书笔记，尤其是写爱情的篇幅要重点看，要有详尽的分析，要感悟出自己的"爱情观"，然后写出一篇读后感。

接着，我自己也开始第三次通读《平凡的世界》。在这之前，我已经从头至尾认认真真地读过两遍《平凡的世界》。

读第一遍是在二十多年前，我19岁，高考落榜，出门打工，没带多少盘缠，却带上了《平凡的世界》。在那个落脚的城市里，我睡过大街，捡过破烂，拔过草，挑过砖，扛过水泥板，淘过臭水沟……跟孙少平在"黄原"的打工生活差不多。同时，我跟孙少平一样，怀揣梦想，坚信通过自己的艰苦奋斗一定可以实现梦想！后来，我辗转到萧山一家荧光灯具厂打工，再后来通过毛遂自荐到萧山一所偏远的农村初中代课。在代课期间我通过高等教育自学考试取得了大学文凭，于2003年通过萧山教育局的招聘考试成为一名真正的教师。从"民工"成长为"教师"，我就是通过自己不断奋斗一路走过来。路遥在《平凡的世界》后记中写道："只能永远把艰辛的劳动看作是生命的必要；即使没有收获的指望，也心平气静地继续耕种。"这种理想和信念一直支撑着我，同时我也向一届又一届的学生传递着这种理想和信念，向他们推荐路遥的《平凡的世界》。

读第二遍是在1996年，那一年我恋爱了。用世俗的眼光来看的话，我还没有恋爱的资本——一个在外流浪的人，没有稳定的工作，更不要说房子和票子了。但是，我却偷偷地喜欢上了萍。我和她在同一单位工作，萍是本地人——在萧山，"本地人"意味很丰富。所以，暗恋了很长一段时间，我却没有表白的勇气。那年情人节前夕，我重读《平凡的世界》，被孙少平和田晓霞的爱情故事深深地震撼。我从孙少平的身上汲取了无穷的力量，于是，鼓起勇气，把一封长长的情书连同厚厚的《平凡的世界》一起偷偷地送给我心爱的女孩。就这样，在那个没有玫瑰的情人节里，我拥有了一份天底下最真、最纯的爱情。

这次风波之后，每次语文课上，我都要抽出5到10分钟的时间给学生解读路遥的《平凡的世界》，讲书里的爱情故事，也讲我自己的生活故事。整整两个星期，我和学生一起讨论书中的爱情片段：金波和藏族姑娘，柏拉图式的精神恋爱；贺秀莲和孙少安，同甘共苦之爱；田晓霞与孙少平，精神交融之爱；郝红梅与田润生，怜惜同情之爱；孙兰香和吴仲平，志同道合之爱；杜丽丽和武惠良，矛盾撕扯之爱；田润叶与李向前，迷途终返之爱……

通过深入解读，我想让学生明白：爱情，是很神圣的，是要承担责任的，是要白头偕老的；爱情的真谛是清醒，不到谈情说爱的年龄，我们不能去偷吃禁果，因为那是对爱情的亵渎……

我还给学生讲了小说里很多美好的细节，特别是孙兰香考上大学后，要去北方工业大学报到了，哥哥孙少平给妹妹买东西的情节——孙少平竟然连女孩子来例假要用到的东西都为妹妹准备好了。我说，这才是"真男人"——既有担当，又很细腻！

在这个事件的处理过程中，我想"教育"是不是可以理解为：发现、疏导、引领。

很多教师和家长对待孩子的"早恋"问题简直就是草木皆兵，拼命去控制孩子们那种朦胧美好的感情，结果往往适得其反。其实，我们不妨大大方方地把问题交给孩子们，让他们自己去讨论，去明辨是非，也许效果会更好。在处理这个事件的过程中，我还让学生讨论"早恋"与"爱情"的问题，下面摘录的就是我的学生对"早恋"与"爱情"的一些看法：

早恋不美丽，但初恋是美丽的，千万不可以随意就使用掉了。

我觉得"早恋"的美丽在于，它会让一个人尽量改变自己，争取能配得上对方，这似乎已经成为一个不变的真理。

王依涛父母的"早恋"确实很美好，但是这并不代表我们就要提倡"早恋"，因为这需要以足够强大的自制力为前提。

初恋，是一种朦胧青涩的感情。如果它产生了，不要急于掐灭它，它的存在很正常，但也不要让它疯狂蔓延，就让它安静地生长，时机成熟，它就会开花。

浪漫的爱情是一种生物程序，两个有缘的人走到一起激活了这个程序，接下来两个人要把这个程序一步步完善、升级。所以，爱情是促进彼此成长的过程，你会为对方改掉一些坏习惯，对方也能从你身上学到长处。

……

无知与迷茫，是因为当事者不了解或者看不清；蒙蔽与压制，只会使无知者更愚昧，使迷茫者更绝望。性教育，要从零岁开始；爱情教育，又何尝不是如此呢？

班主任心语

教育是绿色的。

最美的教育,就是把春天还给孩子。

我引领孩子们读书写诗,亲近自然,仰望星空,绿化精神家园。

我在屋顶种菜,用我的田园滋养我的课堂。

我的课堂是辽阔的。

在周围充满坚硬的焦虑中,我坚持做一个幸福的人。

我引领学生创新班名、设计班徽、创办班报、种植班树、开设班级节日,让德育回归生活。从"蜗牛部落"到"苍狼部落",班名和班徽就像"图腾"一样,成了学生心中温暖的太阳!

独具特色的班级文化,把孩子们汇聚到健康有意义的事物周围,帮助他们找到心中高尚伟大的事物,从而唤醒沉睡或迷惘的心灵;用兴趣爱好培育深藏于孩子们内心的善良种子,为他们燃起一堆堆希望的篝火,从而解决"精神需求的饥渴",使他们拥有向阳生长的动力。

潘海龙

杭州市萧山区义蓬初级中学教师,萧山区作家协会会员,被评为萧山区优秀班主任、大江东最美教师。

第四辑　一场智慧的浪漫

班主任工作，最高境界是爱，最"低"层次也是爱？师生一场，就像一场爱的相遇，想爱得热烈绵长，影响深远，要浪漫，更要智慧的浪漫！

"伪"文艺教师的"最"诗意班会

沈静娴

"家长与学生的互动、学生与教师的互动、人与文本的互动……这些已经远远超过一场诗歌朗诵的范畴了。"两位教师小声交流着。耳畔,杭州市大关小学505班学生小昱和他的父亲正朗诵着工人诗人唐以洪的作品《退着回到故乡》。

"从工号退到名字/从衰老退到年少……故乡依然很远/是一只走失的草鞋……"稚嫩的童音在不大的空间回荡,而低沉的男声若不细听几不可闻,却异常和谐温暖。

"这个诗会让我幸福得有点晕眩!"用505班班主任沈波的话来说,"现在想起来还觉得头皮发麻。"此时距3月2日"我的诗篇"同名诗歌朗诵会已有几天,沈波却依旧止不住内心的激动。

活动源于偶然。在2016年岁末微信朋友圈的一条讯息让沈波关注到一部非虚构电影——《我的诗篇》。感动于这部记录了6名漂泊于故乡与城市之间,忙碌于昏暗的矿井与轰鸣的流水线、饱经人间冷暖的打工者的故事的电影,沈波在家乡平湖发起了一次众筹观影活动。

"在每一张票根上,我都抄上了一句影片里的诗——'陌生的姑娘,我爱你'。"沈波坦言,发起众筹观影,只因被片中主人公们"拔节向上"的灵魂所感动。"这种感动,深入骨髓,直达人心。我始终相信人对美的嗅觉是相通的。" 2月12日,她在杭州发起了第二场众筹观影活动,"几乎在一天之内,我们就集满了75人!"学生们功不可没,505班13位学生和他们的父母都参与其中。

"当晚看过电影已是夜晚9点,大家匆匆散场。"但让沈波没有想到的是,第二天学生竟在班级里自发地讨论起了这部电影。而之后并未接触过这部电影的语文教师林上幸在批改作业时,被一篇篇真挚推荐《我的诗篇》的文章感动了。

何不办一场以诗歌朗诵为主题的班会?两位教师和学生们一拍即合。选诗、选背景乐、选场地、设计活动方案……从定下主题到活动成功开展,全由学生一手筹备。提及这点,沈波语气里满是欣慰。

22位学生轮流上台朗诵了《我的诗篇》中6名诗人的诗歌,4位家长和两位教师也站在了孩子的身边,朗诵着那些虽未广为流传但直击人心的诗篇。小小的书吧内,童稚、清亮、低沉、沙哑等不同音色交织,汇聚成的交响乐感染着现场聆听的每一个人。

"看完《我的诗篇》,妈妈问我是否看懂了,其实我还有好多不懂,但邬霞的话让我记忆深刻,她说:'我一定会昂起我的脑袋,向着阳光生长。'她还说:'生活有多艰难,就有多珍贵。'我想她一定是个热爱生活、积极乐观的人。"回忆起影片,小杭这样告诉记者。诗会上,小杭和小皓朗诵着乌鸟鸟的《大雪压境狂想曲》:"天上的造雪工厂/机械的流水线天使/昼夜站在噪音和白炽灯光中/麻木地制造着美丽的雪花……"诗情,似乎就这样随着他们清亮的嗓音慢慢走进了他们的心中。

学生小延说:"我们很幸运,沈老师带着我们举办了这场诗会,让我们能更加用心地去感受诗歌,感受诗人的情感。我们应该更加珍惜眼前的生活,尽自己所能去帮助需要帮助的人。"

"我欣慰的是儿子读懂了他所诵读的诗篇,以及学会了体谅与感恩。"那天,小延妈妈站在儿子身旁,他们第一次合作朗诵了一首诗。她分享了与小延排练的过程,她说她非常享受与儿子读诗、诵诗的互动过程。她更是深情告白小延:"儿子,你知道吗?妈妈非常喜欢和你一起读诗,和你一起感受生活的美好。以后我们一起读更多的诗……"

"家长的陪伴本身就是一种诗歌'朗诵'形式,阅读的过程是一种创造的过程。通过诗歌朗诵,小朋友能够对一首诗有更丰富的认知,并且通过朗诵将诗融入自己的情感,成为成长的养分。"拱墅区教育局《教育·发现》杂志原编辑王小庆听完整场朗诵会,对小昱和小昱爸爸的朗诵印象深刻,"将诗歌的意义延展到回归亲情、回归陪伴,这样的场景本身就是一首伟大的诗。"

"虽然我是一名伪文青,但我们办了一场诗意的班会。"沈波,这名90后班主任希望她的每一位学生的未来诗意而美好。

班主任心语

如今我的第一届毕业生已经升入初中,可我却经常想起他们。这是我大学毕业后带的第一个班,我们做了很多刻骨铭心的体验式活动。"双胞胎日",我们和最好的朋友形影不离,发现同伴身上的闪光点;"受伤日",我们和病痛做顽强的斗争,在相互关照中懂得要保护自己……在一次次活动中,我们班的所有人——老师、同学和家长,早就拧成了一股绳,早就成了相亲相爱的一家人!

我们老师的生活是这样平凡。可是,假如有一天,你愿意在这当中加入一点点匠心、一丝丝温暖,你将收获意料之外的惊喜与感动,如同你付出的仅是一缕春风,而收获的却是整个春天!

沈 波

2013年8月工作以来一直担任班主任，对这个世界始终保持好奇，带领学生举行小众纪录片首映礼以及"双胞胎日""受伤日""露营日""电玩日""牛仔日"等特色活动，创办班级网络电台并带领学生长期坚持英文诵读。所带的班级多次被评为杭州市拱墅区先进班级、雏鹰特色中队；曾获杭州市第十八届青年教师基本技能竞赛优秀岗位能手、杭州市中小学学生综合实践活动优秀指导教师、拱墅区优秀班主任、拱墅区优秀教师、拱墅区有温度的教师等荣誉称号。

开满"鲜花"的垃圾桶

费 颖

语文课风风火火地进行着,不知怎么,就拐了个弯。

"那么在我们的教室里,又有哪些朝夕相处的生命呢?"——《生命,生命》一课的自然拓展。

"绿萝,它每天以蓬勃的绿色展示生命的生机勃勃。"一个学生回答。

"同学,我看到了他们每天的喜怒哀乐。"另一个学生站起来回答。

"老师……""粉笔……""黑板……"学生的思维十分活跃。

"垃圾桶。"一个学生说出了这样一个答案,瞬间全班哄笑。

"为什么笑?"我抓住机会,追问大家。

"既然粉笔、黑板、桌子都有生命,为什么垃圾桶没生命呢?"说出这个答案的学生反问其他同学。

"垃圾桶是有生命的，它的生命价值就是装满垃圾，牺牲自己，服务大家。"一个学生有点不严肃地笑着回答。

"为什么只有装垃圾才能体现垃圾桶的生命价值呢？"我继续设问。

学生们的思维开始碰撞，我默默地看着讨论的进展，心里酝酿着一个"伟大"的计划。

"它只是一个红色的桶，因为我们在里面扔了垃圾，它才成了垃圾桶。"劳动委员有点激动。劳动委员曾是个"问题"学生，如今实现了华丽蜕变。他的话，显然带有自己的生命感悟。

其他学生若有所思，似乎被劳动委员的话打动了。

"是啊，一只漂亮的红色的桶，装了垃圾就是垃圾桶，装了水就是水桶。我们的一个约定俗成的举动，决定了一只桶的生命意义，这公平吗？"我适时引导大家。

"也许我们可以改变它的命运。"班长说。

"怎么改变呢？"我问。

下面是纷纷的议论，我不介入，任由这种讨论持续。

"好吧，今天的小作文就围绕桶的命运，发表自己的看法。"讨论告一段落，学生们的背囊里装了一个小问题，装了一点小沉重。

批阅学生的小作文，是我每天的快乐时光。小作文，就是学生每天写一点自己的感悟，同时兼具了沟通班主任与学生的功能。

"我们似乎小题大做了，不过一个垃圾桶，让它履行自己的职责吧。神圣的事业总是痛苦的。"这孩子，引用了《行道树》的句子。

"爱桶，更爱干净的教室。就算我自私吧。"小愤青的风格，这样的选择，无可厚非。这是不少人的共识，只是表达的方式不同而已。

"我是一个差生，就像垃圾桶，生命里只有委屈，所以，我希望在红色的桶里插满鲜花，让它美丽起来，芬芳起来。"她居然认为自己是差生了，我受到了冲击。那个沉静如水的女孩子，看来有很多的秘密、很多的梦想，那么，一点一点，努力让她的生命也亮丽起来吧。

"班里一定要有垃圾桶吗？每个人的垃圾可以自己处理。""点子王"的话正中我下怀。

……

班会课时间，每个孩子上台发表自己的看法。然后小组讨论"垃圾桶的前生今世"。结果，三分之二以上的孩子赞成取消垃圾桶。

"学校规定一天三扫，怎么办？"我制造难题。

"只要我们能保洁,学校应该不会来干涉。""我们可以派代表跟学校沟通。"有气魄,不由得为孩子们点赞。

"那么就不用打扫教室了吗?我相信大家能不制造垃圾,但是,灰尘呢?"

"每天放学后扫,既能保持教室干净,又能避免同学吸进灰尘。"好主意。

"你们制造的垃圾放哪里?虽然说自己解决,我还是不放心,你们说说方案。"

"每人带个垃圾袋。"

"不好,垃圾袋是白色污染,更不环保。"

"那就不要带吃的进教室吧。很多零食本来就对身体不好。"

"面包和水果还是可以带的。"我退一步,给学生一点空间。真好,学生把吃零食的问题一并解决了。

其实,我已经预计到事情的进展,准备好了《新闻周刊》的专题报道"垃圾围城",学生看后惊讶于垃圾问题的严重性,神圣的责任感油然而生。

"可以用小手帕,就像电视剧中的绅士淑女,用手帕优雅地擦擦嘴。"

"当垃圾桶成为美丽的红桶之后,它的生命就改变了;当垃圾桶开满鲜花之后,它的生命就芬芳了。我代表红桶感谢温暖的七（2）班。"深深一鞠躬，教室里掌声响起。

七（2）班，开启了没有垃圾桶的卫生模式。那个开满鲜花的垃圾桶，成了班级一景。

后来，那个红桶里长出了一枝富贵竹。

再后来，富贵竹越来越多，蓬勃起来，就像七（2）班，在生命的滋养中一天天成长、茁壮！

费颖

任杭州市朝晖中学班主任二十九年，浙江省师德楷模、浙江省教改之星、杭州市模范班主任、杭州市优秀班主任、浙江省家庭教育讲师、中国陶行知研究会青春期家庭教育工作室领衔人、全国名师大讲堂特聘专家。曾获全国教师教学艺术大赛一等奖（语文），中国陶研会青春期教育"原创课堂"教学大赛一等奖，中国陶研会家庭教育工作坊一等奖。课题《学校道德教育生活化、情感化、社会化》获全国班集体建设课题评比一等奖。5集专题片《费老师班的研讨会》由杭州市教科所成功拍摄。

一封高山上的"情书"

雷丹燕

致二年级小朋友们：

遇见你们一定是特别的缘分，我一定倍加珍惜，所以我尽自己所能布置了这个教室，希望你们喜欢！

今天是星期三，有的孩子因为这样那样的原因，没有得到"小太阳"，这多么可惜！但是没关系，相信不久老师就可以看到你们每个人每一天都会有"小太阳"伴随着你们长大……

你们天真烂漫地说雷老师在教室板报下画的这个小刺猬最可爱，可把我高兴坏了，偷偷乐了好一阵呢！希望这里可以粘贴上你们每一个人最优秀的作品呢！

你们参加少年宫活动奖励来的跳绳，我就帮你们挂在墙上啦！希望你们在课外时间可以带着跳绳去操场上跳跳，别让它们太孤单啦！

记得一年级第一学期期末考试的时候，你们的小手冻得写不出字来，听说监考老师还一个个地为你们搓手焐热。我真的非常感动,也很心疼,所以希望这一张张小小的桌布可以给你们带来点温暖!

你们每一天用心写的日记就夹在多彩的夹子上了,当微风吹来,它们随风舞蹈的情景美极了……

原先我以为你们会把阅读角弄得一塌糊涂,出乎意料的是,你们比我还爱惜阅读角,傻傻地跑来问我:"老师!我的脚有点臭,等我晚上洗干净了再进去看书可不可以……"

班主任雷丹燕

雷丹燕,遂昌县高坪乡中心小学语文教师、科学教师、班主任。这是她致二年级小朋友的一封"情书"。

"二年级小朋友",都是她班里的学生,共9位,基本都是留守儿童。

雷丹燕也是一位"留守儿童"的妈妈,家和两岁不到的孩子都在距学校近两个小时车程的县城里。校长王雪晶说,除了睡觉,山里的教师总是陪伴着这些平时学习、吃住都在学校的学生。11月,高坪的气温已经降到了五六摄氏度,不少学生穿上了过冬的棉袄。"每个年级一个班,每个班少的不到10个,多的有20多个孩子。天气一冷,校园、教室确实都显得冷清。"让王雪晶和同事们感到暖心的是,雷丹燕给自己的教室"穿起了冬装"。用暖暖的地垫铺出来的阅读角,一下子就让教室温暖而热闹了；甜美可爱的课桌布，温暖的是学生们冬日里冰冷的小手；还有挨挨挤挤的画儿、整整齐齐的跳绳、随风舞蹈的日记……"她就是把学生当自己的孩子一样在爱。"王雪晶说。

班主任心语

我担任班主任虽然只有短短几个年头，但深觉要当一个为学生所喜爱的班主任是多么不容易！

总有些孩子需要更多的特殊关爱，比如我们班里的小杰是一个特殊的孩子，父母外出打工，他跟爷爷生活，还患有多动症。真的，上课时间他总是满校园乱跑，经常拿别人东西，打架、骂人、吐口水、破坏公物……那时候的我几乎每一天都必须换外套，口袋里必备面巾纸，因为在教育他的时候，经常被吐得满头满脸的口水。我甚至一度产生放弃的想法。

"如果他是我的孩子？"这样的念头，让我慢慢地试着走近他，关注他，了解他，帮助他，表扬他，肯定他……我不停地思考，到处咨询心理医生，有时间就翻看心理类、教育类书籍。慢慢地，他好像懂事一点了；一个学期下来，他已经改变了许多，也有了朋友……每一点进步，都让我感到欣喜若狂。

在乡下，父母外出打工，平日里缺少父母关爱的留守儿童到处都是。说实话，我的孩子也属于半个留守儿童。工作的时候，我不能把我的爱给我的孩子，那我就去关爱我的学生吧！我们的校长也经常在我们的耳边"念叨"："如果要爱学生，那就要真爱，不要虚情假意。去看看孩子的家，去关心关心孩子每天早上自己独立穿的衣服暖不暖，雨天鞋子有没有湿，要真正走进孩子的心里。"

虽然我只是一个小小的偏远乡村的青年教师，没有丰富的教学经验，也没有优秀的课堂教学技能，出去培训学习的时候，听非常优秀的老师上课真的是享受，感觉城里的孩子就像小鱼一样，能在老师的引导下，自由自在地在知识的海洋里徜徉，掌握本领！心里也好生羡慕，以后的以后，我能不能炼成这样优秀的老师的功力呢？

如果可以，那我真替我们班里的孩子感到高兴。因为我知道，我有多大的进步空间，我所教育的孩子就能增加多大的潜能！在从事教育这一行的路上，研究孩子，你有时会觉得很奇怪，有时会觉得很好玩，有时也会很有成就感。

雷丹燕

2015年参加工作，山区学校——遂昌县高坪乡中心小学的六年级科学教师、二年级语文教师及二年级班主任。

用仪式感擦亮一些重要时刻

郑 英

一

儿时,最盼望的事有两件:

一件是过生日。这天,最隆重的环节是:外婆奢侈地烧一锅面(搁往日是断断舍不得的),然后煮两个鸡蛋,煮得通通透透,剥得光溜,慎重地放在面上,最后小心翼翼地铺上红萝卜丝做的浇头,雪白的蛋面衬着橙红的浇头,点缀得温情馨香。

此时,外婆会坐着看我狼吞虎咽地吃面,脸上满是微笑,带着欣慰、满足和疼爱。

第二件是过年。和所有小伙伴一样,我一定是提早准备了新衣,叠得方方正正,放得小心翼翼,犹如一件无价华服;提早一周剪了头发,期待新的一年从头开始;跟随大人一起大扫除,扫出新年新气象……

最激动人心的是发压岁包的时刻。

我尤其期待外公的那个,不是因为数额,而是因为每年他都特意去二十里外的镇上,将5元换成25张连号的两毛,再用红纸条扎上。淡绿的币纸配上大红的纸条,清新又典雅,像一本精装的书配上了一条精美的腰封。

每次,我都是双手慎重接过,然后聆听外公的教诲和叮咛,肃穆、虔诚。过后,我对这个压岁包格外珍视,不到万不得已,断然不会动用它。

这两个温情的生活细节,极具仪式感,让本是平凡的日子散发出温暖的光芒。它们带着鲜亮的色彩留存至今,没有丝毫褪色,如同一枚枚鲜亮的戳印带着时空的印记定格在我的心里。

人生的许多时刻,确实需要借助一场仪式,来表达内心的庄重、真诚,赋予未来以期盼、祝福和新的意义。我们在这个时刻的所见、所闻、所思、所想,都将带着清晰的印记储存在心里。

二

什么是仪式感?

《小王子》有一个片段给出了极好的解释:

小王子驯养狐狸后，第二天又去看它。

"你每天最好相同时间来。"狐狸说。

"为什么？"

"比如，你下午4点来，那么从3点起，我就开始感到幸福。时间越临近，我就越感到幸福。到了4点钟的时候，我就会坐立不安，我就会发现幸福的代价。但是，如果你随便什么时候来，我就不知道在什么时候该准备好我的心情……应当有一定的仪式。"

"仪式是什么？"

"它就是使某一天与其他日子不同，使某一时刻与其他时刻不同。"

生活庸常、细碎，需要手动加一点情怀的力量，这种情怀需要一点外部加持，这种加持就是仪式。

史铁生说，怀一颗虔敬的心，有意识地让某一时刻与其他时刻不同，这便是仪式感。

三

课堂，也需要仪式感。

《礼记·学记》曰："凡学之道，严师为难。师严然后道尊，道尊然后民知敬学。"课堂之上，重视仪式感，这不是泥古于师道尊严，而是根植于教师职业的责任感。

作为育人的主阵地，课堂的使命是传承文化，滋养灵魂。其外显形式可以是生动有趣，也可以是静默深思，但都不离庄重、虔诚，对文化本身的尊重。课堂之上，只有教师怀有虔敬的仪式感，才不负其神圣、庄严的使命，引导学生求真、向善、臻美。

被誉为"全中国最博学之人"的陈寅恪，每每去授课，都用双层布缝制的包袱皮包裹书本，而且特意用颜色做了区分，佛经、禅宗一类的书一定是用黄包袱皮，其他的则用蓝包袱皮。

他课前总是郑重其事地换上长衫，然后早早到教室，在黑板上写好重点。

他会在课堂上点名叫学生朗读，哪怕读错一个字，都必须停下重读，再小的纰漏也逃不过他的耳朵。即便后来双目失明，他依然坚持授课，"不教书怎么能叫教书匠？"即便满腹经纶，他依然每周花两天时间进城跟人学西夏文和蒙古文。其非凡卓绝的背后，是献身于教育的那种神圣的孤独和寂静的苦行。

对于授课，陈先生始终怀着宗教般的虔诚和仪式感，这是一位教师最优雅的姿态，栖息着师者一颗高贵的灵魂。

对于课堂，我也是心怀虔敬。每次课前，我都提早5分钟进教室，打开课件、投影仪，拉上电脑桌边的窗帘，看值日生将黑板擦拭干净，然后静静坐着。预备铃响起，我走上讲台，挺拔地站立，带着微笑，但神情庄重。待所有学生端坐完毕带着期待的眼神聚焦于我时，我才宣布上课，声音铿锵有力。然后师生相互鞠躬问好，彼此以最饱满的状态和热情，开启一节课的旅程。

于我，那三尺讲台便是我的一方世界，本应神圣、庄严。心有仪式，自有明月清风。

四

心灵的成长，更需要仪式感。

对一个人，重视仪式感是一种修养；对一个集体，重视仪式感是一种文化。

每接手新班级，我都会在开学报到那天，让孩子们一个一个大声说出他们名字的故事；每学年结束，我都会隆重地给孩子们拍一些影像视频；每个节气，我都会带着孩子们去看校园的一草一木，并用相机定格，用文字记录；每逢学生的生日，我都会带领全班同学为他制造惊喜，听他发表成长感言，给父母打亲情热线；每每有孩子申报岗位或是节目，我都会隆重地发给他一张证书，不忘敲上班级印章……

以今年的"六一"成长仪式为例,有太多的点滴值得回忆甚至是铭记:

第一个环节——过成长门。每个孩子穿上精心挑选的班服,在全场人的注目下,由父母牵手走到台前,然后独自一人坚定地走过。我们看到,每个孩子精神昂扬,神情庄重。此刻的他,是唯一主角。

第二个环节——爱的献礼。有亲子间的真诚对话,有孩子自编的舞蹈,有孩子自创的小组唱,有家长的诗朗诵《孩子,我希望你自始至终都是一个理想主义者》……因用心、真诚,每个节目无不动人。

第三个环节——爸爸妈妈赠送孩子成长礼。有的礼物是跑鞋,希望孩子走好人生路;有的是手表,希望孩子珍惜每一个时刻;有的是望远镜,希望孩子把目光放长远;有的是相机,希望孩子用自己的眼睛去发现美……美好的寓意和期望,在这个充满仪式感的情境里,得到了强化和渲染,被赋予了独特的精神价值和个性化属性。

第四个环节——"阅读·成长"专题讲座。有家长说:"专家的讲座打开了孩子深度阅读的大门。"

孩子们说:

"今天,对我们来说是一场盛宴,更是难忘的生命驿站,是重要的分割线。"

"今天，我觉得自己内在有些力量觉醒过来。"

"我看见自己有更多可能。"

……

人生并不会在举行仪式的这一天突然发生改变，我们的成长也绝非一日一时之功，而是贯穿人的一生。但是，仪式让我们能够以直观强烈的形式，感受到这种改变和成长的力量，信心满满地开启新的征程，如同按下一个按钮，开启一个新的时刻，或是告别一段过往。

即便是花絮，都显得动人非凡：提早两个月，孩子、家长便开始精心挑选班服，那热烈的场面隔着屏幕都可以感觉得到；一个女孩要求承担课件的制作和播放任务，她从两年中拍摄的数千张照片里挑选出经典的并制作成课件，而且还为每个活动环节量身制作背景音乐，反复调试，只为追求更好的效果；两位竞选成功的主持人，精心打造每一个环节，比如"过成长门"是父母和孩子牵手一起走，还是父母先牵手再放手，还是全程孩子一个人走，无不精心思量和考虑；不甘示弱的男孩们申报了"鬼步"舞蹈，他们说摔伤的痛只有自己知道，最终惊艳了全场。

为了见证和亲历孩子那个非凡的时刻，所有家长都安排好了时间，甚至原本分离的家庭在这个时刻也都走在一起，因为"这一刻的缺席会是一生的遗憾"。一家长联系了专业的摄影师，只为定格那些不可错过的瞬间；一家长为全班准备了三层的生日蛋糕，蛋糕的顶层是班徽，满是心意和诚意；一家长见众人流汗不止，便为每人购买了一小份水果拼盘……

隆重的仪式，在每个参与者的内心产生了激荡的力量，这一力量会久久回旋。那一刻因为有"我"的在场而变得格外有意义。英国社会学家邓肯·米切尔说："仪式的意义在于通过隐喻或转喻来陈述心灵体验。"

当然，仪式并非形式，仪式与形式的区别在于心的态度，如果一系列过程不能使内心产生庄严感，必将缺乏内在力量而沦为形式。

仪式感，其实是对自己、对生活的深爱，它可以让一些无彩的日子光华熠熠。教育中若没有仪式感，学生的校园回忆哪来的着落点？用仪式感擦亮一些重要时刻，这些时刻在岁月深处忆起，依然会闪着微光，带给自己久久的温暖。

班主任心语

"教育，是向美而生的事业。"这是我的核心教育理念，也是我的教育信念。美，是寓丰富的内容在和谐的形式中，在和谐的秩序里回旋着力量，满而不溢，有种净化的力量。

教育固然需要技巧、手段、方法，"虽小道，必有可观者焉",但是"致远恐泥"。作为一个自觉的教师,我们当努力超越技巧的层面,走审美创造的道路,唤起对美的期待,追慕美好,向美而生。这是教师职业的可贵之处,也是教育事业的高贵所在。

教育的过程就是与孩子们一起发现美、欣赏美、创造美的过程,最后各自成为一个立体的、丰富的、完整的人,成为最好版本的自己。真正的教育者,是施教的同时完成自我教育的人。最美的教育,莫过于师生相互启迪,彼此成全,各得成长。

郑 英

正高级教师,浙江省德育特级教师,全国优秀教师。连续七年同时担任两个班的班主任,事迹曾被人民日报、新华社、中国教育报等官微报道。教育部"国培计划"专家库导师、七年级新课标《道德与法治》(人教版)编者,在《人民教育》等核心期刊上发表论文100余篇,著有《班主任,可以做得这么有滋味》《课堂,可以这么有声有色》和《教育,向美而生》等。

雨中的陪伴

郑小侠

班主任工作既要有爱，还需要智慧。

小包是一个来自山区的高三男生，平时表现良好。但有几天，我发现他白天上课不在状态。这么多年的班主任生涯告诉我，白天精神不佳，夜里多半有问题。经过调查，我发现他经常深夜躲在被窝里看电子小说。

第二天，我找他谈话，跟他讲纪律。他态度很诚恳，表示会改正。但是过了几天，我发现他又"回到解放前"。这次我改用目标引领的方法，跟他谈梦想。我说："你只要突破数学，完全可以上浙大。"他眼睛都亮了，说："我们村里大学生不多，我要是能上浙大，全家都会非常开心。"这一次，他坚持了两个星期。

然而，第三次、第四次，他依然控制不住自己。

我陷入了深深的自责与反思。是因为我，此前的纪律教育、目标教育和批评教育没有真正起到作用；是因为我，低效甚至无效的教育导致他一再犯错。我和他父亲一起分析，最终一致认为，孩子的根本问题是缺乏毅力，经不起诱惑。他的父亲提醒我："老师，你不是经常陪孩子们跑步吗？要不，这次让这小兔崽子多跑些，跑他3天，每天20圈！"农村的父亲那么朴实。

我对小包说："你越陷越深，班主任有责任，也要接受惩罚，这3天，我陪你跑！"

第一天，天很热，我的身体稍胖，跑起来有些吃力。他超了我两圈到终点，但是，跑完后，他站在操场进口处，用复杂的眼神看着我跑。

第二天，天更热了，第一天留下的酸痛在我们的大腿上肆虐。跑完20圈是很需要毅力的。我一直在观察他的表情，怕他中途放弃。最后他坚持下来了，同样超了我两圈到终点，仍然站在操场进口处，用复杂的眼神看着我，想说什么又没说出来。

第三天，天公不作美，下起了小雨，很多同学出来陪跑。而这时，我感觉肚子有一点小痛，于是，灵机一动，用拳头顶住胃部，好像很痛很痛的样子，艰难地向前跑着。他慢点我就慢点，他快点我就使劲跟上。脸上的汗水和雨水也分不清了。这时，我听到后面有哭声。一个女生冲上来拽我："小侠老师，你不能再跑了！再跑，我们就没有班主任了！"我内心无比欣喜！我相信，这一天、这个场景一定会给这个缺乏毅力的小包和其他所有在场学生留下长久的记忆！

冲过终点时他仰天长啸，大吼一声，湿湿的脸上不知是泪水还是雨水。我想，有戏了。

我让生活委员给我们准备了两份盒饭。我们俩在教室里的一张课桌上面对面吃，四周静悄悄的。我想，他一定很想让我给他来一通狂风暴雨似的批评。但我觉得此时应该无声胜有声。

果然，一阵寂静后，他的眼泪一滴一滴地滴在盒饭里。忽然，他冲到讲台桌前向全班同学做了一个发自肺腑的演讲："我对不起……我一定要……我会用一辈子去记住这3天，记住这红色的跑道！"他讲什么已经不重要了。后来，他真的考上了浙江大学。每次来看我，他都会提起那3天，那3天红色的跑道。他说，那3天是他一辈子的财富。

每每想起这孩子，我就思绪万千。

其一，犯错误是要被惩罚的，这是社会法则。我们当下的教育似乎只剩下赏识与宽容，而一味的宽容最终走向了纵容。个人认为，这种懒惰甚至不负责任的教育，最终毁掉的是我们的孩子。学生们终将走上社会，他们面对的是老板而不是学生时代无限宽容的老师。当然，惩罚是一门艺术，不能简单粗暴地体罚。

其二，人的潜能是巨大的。每次接一个新的班级，我都会跟大家预告：每位同学都将在这一年完成至少10次每次20圈的长跑。刚开始，许多学生瞪大了眼睛，分明在说："这怎么可能？我跑两圈就吐了！你是魔鬼班主任吗？"但是，当他们第一次挑战完20圈后，便能真正地体会到自己的小宇宙是多么强大。人生中许多困难都是我们自己想象出来的。

其三，做孩子真实的榜样，家庭教育是这样，学校教育也是这样。如果学校教育也能像家庭教育那样少一些管理，多一些垂范，多一些爱，那么，学校会是学生多么美好的乐园啊！教育不需要那么多冷冰冰的管理和说教，陪伴学生一起成长，在学生面前展示教师的激情、善良、顽强还有责任感，让他们潜移默化，吸取正能量，便可茁壮地成长。

班主任心语

我倡导并践行"垂范教育"，认为"教育的精髓在垂范，不在管理"。教师要做孩子们最真实的榜样，通过与学生一起学习、生活、锻炼，培养学生的意志品质、人格品质和生活品质，把激情、勤奋、悦纳、善良、责任感这些品质从自己身上自然地烙到学生的心中。仅凭管理，许多品质是无法形成的。

二十多年来，我没有因私缺过一次早自修，经常陪孩子们长跑，做孩子们意志品质的榜样；为了兑现一句"为孩子们烧开水"的承诺，烧了一年的开水，做孩子们人格品质的榜样；我热爱工作与生活，做孩子们生活品质的榜样。

郑小侠

浙江省瓯海中学历史教师，浙江省特级教师、正高级教师，从教二十二年，担任了二十二年班主任，带了19个不同的班集体，其中15个高三毕业班。他把"黑色"的高三做成彩色的，让孩子们快乐地追逐梦想。学生毕业后热爱学习，热爱工作，热爱生活，积极向上。开展各类讲座千余场，努力传播自己的正能量。曾荣获全国模范教师、长三角地区中小学班主任基本功大赛一等奖、浙江省最美教师等荣誉。

第五辑　其实一点不特殊

我们会说,每一位学生都是特殊的。

确实得承认,有那么一些学生,需要用"特殊材料"锻造的教师给予特别智慧的特殊关爱!

这些学生,其实又那么的一点都不特殊。

"菜鸟"怎样当"后爸"

董伟光

2017年9月,夏的味道依然浓烈,来自北方的我如约来到了龙游这座南方小城,遇见了这群活力、阳光、独具个性的学生们,也开始了属于我们的两年相伴之旅。

了解学生避免贴标签

我的班级,2016级机电班,清一色男生,都是未来的机电新青年。对于即将步入二年级的他们来说,我是中途接班的班主任,也就是所谓的"后爸"了。他们的眼里有纯真、倔强、渴望,更有期盼。刚刚走出校门的我对这样的心境是熟悉的。一个个鲜活的生命,未来具有无限的可能性,这让我感受和体会到了作为班主任所肩负的责任。

尽快了解班级情况,熟悉每位学生成了我首先要做的事情。在查阅学生材料、向前班主任了解班级和学生情况之外,我通过微信和学生们进行了一些初步的交流，尽量早一些和他们亲近起来。同时，我也时刻提醒自己要避免标签化——不要因为学生曾经的错误或其他人的评价而给任何一个学生贴上"失败"或"差生"的标签。也许，他做出所谓的"不良行为"只是为了赢得关注，"无理取闹"只是因为有话想说，只是没有找到合适的方式。我这样提醒自己，标签化只会让学生对自己失去信心。

家校合作陪伴成长

学校教育只有和家庭教育紧密配合，才能取得最好的教育效果。我积极主动地与每位学生家长保持密切的联系和沟通，这也让我进一步认识到了自己工作任重而道远。我会提醒自己把学到的教育教学理论运用到教学和学生管理实践中，更重要的是班级事务我基本都会与学生家长分享与讨论，努力达到家校教育理念一致，并取得家长们的信任。

家校只有拥有共同的信念，才能更好地陪伴学生成长，让学生遇见那个更好的自己。当一位学生家长对我说"我能感觉到你对孩子们的关照和帮助"时，我很开心"后爸"也会有春天！实际上，我已经逐渐感受到了学生们对我的信赖。因为我和他们一样，心都很纯净。

规范养成核心素养

学会学习、健康生活、责任担当是学生发展核心素养体系中的重要组成部分。因此我一直在考虑如何在班级制度建设、学校相关管理制度落实的基础上，帮助学生自觉自愿养成健康良好的学习、生活习惯，掌握适合自己的学习方法，形成科学的思维方式，逐渐从"他律"过渡到"自律"，学会对自己负责和对他人、班级、学校、家庭乃至社会负责。

我为此设计了一系列的主题班会，如教师节的"老师，我有话对你说"、重阳节的"爸妈，我有话对你说"和"00后的我们，你们懂吗？"等主题班会，让家长、孩子、教师都打开心扉，从而建立更加信任、和谐的关系；举行以"接受职业教育绝不是失败的人生"和"我理想中的大学生活"为主题的班会，帮助学生们树立积极、乐观、自信的人生态度；通过"我眼中的大国工匠和工匠精神"班会活动，和学生一起观看相关视频，讨论观看心得；通过"如果我拍微电影"主题班会，鼓励学生们去发现学习、生活中的问题或亮点，培养他们的主人翁意识和社会责任感……

我深深地体会到，引领学生前行的同时也是对自己精神的一种洗礼。

尊重法则关爱无悔

班主任要赢取学生的尊重,树立威信,才能确保班级各项管理工作有效开展。而树立威信和赢取尊重更多地要靠自己的人格魅力、职业素养和专业素养。因而,在班主任工作中,我坚持以尊重赢尊重,以真诚换真诚,以信任得信任,以真心对真心。

我经常在空余时间找学生谈心,了解他们的学习和生活情况,鼓励他们发表个人见解,帮助他们分析学习、生活上的问题。我发现,其实学生也许并不在乎教师知道多少,更重要的是让他们知道教师有多么关心他们。

给予学生家人般的温暖,具有强大的感染力。记得新学期第一周结束时,反思过去的一周,学生们的表现有好有坏,我很严厉地指出了他们的问题。但在他们回家的路上,每个人都收到了来自我的短消息:"祝各位同学周末愉快!老师离家远,在这边我是你们的班主任,我也把你们当作了自己的家人。希望我们一起努力,做彼此的骄傲!"收到这条短消息,学生们的反应很正能量,有学生还专门截屏发了微信朋友圈,注释为"这都是爱啊!"。

作为一名当班主任还不到半年的"菜鸟",我用真心收获了自己和学生们的成长。我每天怀着期盼的心情和学生们相伴相守，一起进步；用感恩的心对待每一位学生，感恩能遇见他们，成为他们人生道路上的领路人；用最纯净的心去感受和享受与他们在一起的每一刻……因为，我们一起在路上。

班主任 心 语

班主任工作，忙碌而充实，虽偶有疲惫和彷徨，但年轻的我在成长路上收获满满。

班主任要学会鼓励、懂得欣赏、善于倾听，通过鼓励给予学生前进的动力，通过欣赏帮助学生树立自信，而倾听不武断则是建立良好师生关系的前提。坚决避免对学生形成标签化的刻板印象，相信每一位学生都是独一无二的，都有属于他们的梦想和未来。

班主任是学生实现各自梦想、走向美好未来的铺路石和引路人，这是我朴实的愿望和坚持的教育理念，也是一种人生态度。

董伟光

2017年大学毕业，龙游县职业技术学校机械专业教师、班主任。

留守儿童"微信家长会"的妙用

陈建仁

我所在的学校是一所农村中学。每当学校召开家长会之际，由于很多学生的父母在外务工，来的往往是爷爷奶奶。爷爷奶奶照顾孩子的饮食起居，对孩子的学习和教育却无能为力，这使得家长会也失去了应有的意义和作用。同时，农村学生家长文化水平普遍不高，教育观念存在一定的误区，教育方式简单粗放。基于以上两个主要原因，农村孩子的家庭教育可谓严重缺失，孩子与家长的关系日趋紧张，学习中的负面问题层出不穷。

那么，有没有改变农村学生家庭教育现状的有效途径呢？我想到了时下最流行的"即时通"交流工具——微信！

在我的积极倡导下，我所任教的班级很快组建了由全体家长参与的"微信家长会"。根据班级情况和学生特点，再结合家长们的意见和建议，我确定了"微信家长会"的四个交流环节。

第一个环节是"班情交流会"。

老师将班级学生近期的思想动态、学习表现、行为习惯等情况向家长总结反馈,让家长及时了解孩子的学习现状。尽量避免"学习成绩"的讨论,更多的是将学生的思想动态、学习态度以及学生在班级活动中的表现传递给家长,让家长为孩子的进步感到温暖、幸福。

在"班情交流会"中,家长们还可为班级活动出谋划策。有家长提出"好书共读"的建议,让每个孩子买不同的书在班中传阅;也有家长主动请缨担当班级的课外兴趣辅导员,教孩子们编织;更有家长在看到班级活动照片后感慨自己错过了很多孩子成长的时光,特意抽空赶回家和孩子待上几天……

第二个环节是"教育学习会"。

在这一环节中,我会指导家长如何正确地与孩子交流沟通,并让家长们相互借鉴有效得当的教育方法。

我会总结目前他们所遇到的教育上的典型问题,并分门别类寻找应对的教育策略,把一些教育理念与家长们共分享。目前,我已做了《如何说话,孩子才爱听》《孩子,你要成为什么样的人》《幸福感的传递》等三辑。渐渐地,家长们由只关心分数到更关注孩子的心理健康成长。"欣赏的眼光"让孩子们感受到了尊重与信任,逐渐"回归"到爸爸妈妈的"身边"。

第三个环节是"说说心里话"。

这一环节旨在让家长在微信群里对自己的孩子进行评价、鼓励或寄语，袒露自己的心声，让孩子感受到父母真切的关注。在班会课上，我会定期向学生转达他们父母的"心里话"，可将微信内容给学生看，将语音内容让学生听……

借助"说说心里话"，家长吐露了心声，孩子们收获了真诚，学会了理解，不再埋怨家长的"不陪伴"，而能体谅父母的"不容易"了。

第四个环节是"班会活动反馈"。

这是借助微信强大的图片与语音传输功能，将学生在班会课上的表现展示给家长，促进双方的良性互动。我鼓励学生给外出打工的家长写信，主动汇报自己的学习、思想情况；制作贺卡，表达自己对父母的感激之情；录制一段话，倾诉自己对父母的想念……需要强调的是，这一环节要尊重学生的个性，让他们自由选择适合自己的情感表达方式。

"微信家长会"带来的好处很多，但它毕竟是基于互联网而存在的"虚拟会议"。因此，在具体的实施过程中，要做好以下几个细节，才能最大程度地发挥它的作用和优势。

第一，"固化"时间，"会前"点名。

为了"微信家长会"能准时、有效地"召开"，在征求家长们的意见后，我班的会议时间定在每周四的晚上8点半开始。在召开"微信家长会"前5分钟，我会先"点名"。在这样的氛围中，家长们基本都能做到全员参加。确实有事请假不能参加的，我会根据点名情况，在合适的时间单独和个别未到的家长进行交流。

第二，确定主题，制定规则。

为了避免在讨论中偏离话题，变成闲聊，在征求家长们的意见后，我确定每月第一周安排"班情交流会"，第二周安排"教育学习会"，第三周安排"说说心里话"，第四周安排"班会活动反馈"。

在"微信家长会"中，我还制定了"发言"的规则，让其有序召开。我先将家长最为关心的话题提出，再让家长发言，每一次发言尽可能把自己想说的说完整，避免简单的应答。一个话题结束时，由老师进行总结发言，再继续下一个话题。

第三，尊重差异，保护隐私。

老师要注意群里家长文化水平的差异，语言要通俗易懂、简洁明了。对待理解能力较弱的家长，更要耐心解答他们的疑问，给予他们应有的尊重。涉及对个别孩子的批评或隐私，应与家长做个别交流。

自"微信家长会"开启之后，我们班的家长们不再是教育上"缺席的父母"了，即使身在远方也能密切地与老师、孩子积极沟通交流。"微信家长会"虽不能完全消除家长外出给孩子带来的影响，但它却架起了一座心灵沟通的桥梁，慢慢地拉近着学生、家长和老师之间的距离。

班主任心语

我读小学时,学校五个年级全部在一间教室里由一位教师授课。每个年级,每天最多轮到半个小时的授课时间。四年级时,老师又因为特殊的原因离开学校,一走就是两年。老师回来的那天恰逢我参加升学考试,我以语数54分的成绩夺取了全村第一名,可要达到60分才具备升学资格,于是恩师东奔西走替我争取到了录取名额,还遇人就说我今后必定大有前途。这话一直激励我埋头上进。

从童年经历和近三十年的班主任工作中,我发现大部分人都有成功的潜力,却没有成功的信心和胆量。

于是,我这一生就只做一件事,先唤醒自己心中沉睡的巨人,挖掘自身的潜力,然后,再去唤醒学生心中的那个巨人。我会"时时刻刻"告诉学生们:人生路上即使是在黑夜中,也别忘了给自己一缕光——一缕希望的光,一缕自信的光,一缕面对生活微笑的光……这一缕缕的光,温暖心灵,浇灌青春,看似微弱,但照亮的却是整个人生!

陈建仁

浙江省特级教师、正高级教师，浙江省师德楷模，温州市首届师德楷模，浙江省春蚕奖获得者，浙江省中小学班主任工作室领衔人，部级德育评审专家，温州市名班主任，全国首届校园文学创作成果一等奖获得者。在全国各大刊物上发表大量文章，出版专著《让心灵洒满阳光》。

开学了,又有多少男孩会被误解

俞尤棠

开学了,面对一张张或稚嫩或青春洋溢的笑脸,老师们,我们准备好了吗?

男生、女生,我们认真解读过男生和女生的区别并施以不一样的教育教学方式了吗?

我们经营的教育环境有没有忽略男生的一些外显行为背后的诉求?有多少男孩会被我们所误解?

不努力?

一年级的教师经常会发现,女生练字整体上要比男生好,有些男生怎么练都练不好。这时,有些教师或者家长就会认为是孩子不够努力,从而责怪孩子。

从儿童的生理发展来看,男生发育整体上要比女生慢一年到一年半。一年级的时候,有很多男生的手部小肌肉群尚未发育好，手部的掌控能力明显不如女生。这个阶段，让这些男生一定要达到女生的练字水平，真的是强人所难。其实，每个孩子在学龄初期都是抱有对学习美好的愿望的，谁不想把字写好呢？字练不好，孩子自己心里也着急啊！再加上不被父母或老师理解，孩子心里就更急了，有的孩子甚至会因此对学习丧失信心。

一年级教师不要着急，无论孩子练不练得好字，都要接纳他，并多多鼓励他。比如，教师可以轻轻地抚摸孩子的小手说："你的小手还嫩，要握好笔多不容易啊！老师已经看到你在很努力地练了，你看这几个笔画就练得很不错。"

其次，不要一刀切地评价所有孩子的字。对一年级学生的练字，应该多从个体进行纵向比较，引导学生看到自己努力练习带来的进步。

另外，平时在学生课间活动的时候多指导学生做做手指操等游戏，促进学生手部小肌肉群的发展。

平静、耐心地等待一两年，男孩手部肌肉群得到相应发展了，就能对手部肌肉掌控自如，坚持练字就自然而然将字练好了。

太粗心？

小学低段的教师，特别是语文教师和数学教师，经常会在班里发现这样的学生：朗读的时候经常会漏字，做计算题经常会抄错数字或漏写数字，考试时那些一行题或者不整齐的题经常会漏看……很多教师和家长，会简单地认为是孩子太粗心，即便大声斥责孩子，孩子却依然改不掉。

我们仔细观察，深入地探究这个问题，会发现大部分有这种现象的低段学生并不是因为粗心问题，而是因为他们的视知觉能力没有发育好，视知觉感统失调。

为什么会造成视知觉能力没有发育好呢？原因有多方面，有的是先天原因，有的是因为一周岁之前的爬行训练太少，有的是因为从小运动量太少，等等。还有的学生认字速度慢、作业拖拉、写字大小难以控制、运动空间感不好等，都有可能是因为视知觉障碍。这都需要我们教师仔细观察，耐心分析，以便做出客观的判断。

那么如何改变这样的现象，提高学生的视知觉能力呢？首先，教师和家长都要有意识地多带孩子参加户外运动。其次，平时要有针对性地做些视知觉能力训练。孩子出现这样的问题，教师要提醒家长重视，最好到医院进行专业的学习力评估,并进行相应的训练。

超暴力?

一所初中的德育主任向我吐槽,他们学校初一的男厕所的门经常被学生踢破。大会上一而再,再而三地强调要文明上厕所,但是收效甚微。"那初二年级的男生厕所有这样的现象吗?"德育主任说没有,并表示很奇怪。

我笑了,告诉他原因。那是因为初一男生正好整体步入青春期初期,身体快速生长,阴茎发生明显的变化。因为缺少青春期性健康知识方面的教育,很多男生对自己身体上的这些变化有点不知所措,很想在厕所小便的时候通过看看别人来判断自己是否正常。但是大家都不愿意被别人这样窥觑,所以只要进厕所,就直接把门锁上,而外面的同学等急了就踢门。

怎么办呢?很简单,初一新生刚进来的上半学期,学校一定要使学生正确认识青春期生理发展,让男生们从正确的课堂主渠道得到科学的认知。

后来,这所初中及时开出青春期性健康教育课,此后初一男厕所的门就再也没有破过。

班主任心语

班主任工作是安静、温暖、科学的事业。

教育静悄悄，润物细无声，班主任要对学生全接纳、慢引导，充分尊重每一位学生的个体差异，做到因材施教，使每一位学生都能各得其所地获得最大限度的发挥，让每一位学生都实现自己的精彩。

班主任是照亮学生心灵的阳光，做精神明亮的人，以爱润泽学生的心灵，以灵魂唤醒学生的灵魂，以精神撼动学生的精神，公平对待每一位学生，立德树人，教育优质，做学生成长和前行路上的精神导师。

学生的成长与发展，具有阶段性的特征，有其内在的成长规律。班主任要尊重教育规律和学生身心发展规律，做科学而专业的德育，这样才能为学生点亮理想的灯，照亮前行的路。

俞尤棠

杭州市富阳区教育发展研究中心德育与科研部主任、班主任"国培计划"项目浙江省优秀管理辅导教师、中国陶行知研究会青春期教育专委会理事、杭州市"131"中青年人才。《中小学青春期性健康教育教案集》责任主编，《市民心理健康》等书主编。

暑假，来聊聊中学女生的青春期

阮巧玲

曾有一位班主任跟笔者讲过这样一件事：毕业聚餐时，有个女生偷偷告诉她，曾和班里同学谈过恋爱，不小心怀孕了，有一天向老师请了假去医院看病（其实是堕胎）。因为怕被老师和家长知道，女孩第二天就到学校上课了。这位班主任听了既震惊又痛心，觉得因自己的班主任工作做得不够到位，对学生了解不够而留下了遗憾。

暑假即将来临，中学男女生单独交往的时间也多了。来自医院的数据显示，每当假期结束，到医院堕胎的中学女生人数就会有比较多的增加。因此，笔者认为对中学女生进行有效的青春期教育非常必要。

在平时的教育教学工作中，我们发现许多教师尤其是班主任已注意到中学生的情感问题越来越突出，他们也采取了一些措施进行干预。有些教师做得比较好，但也有些班主任在工作中存在一些误区，归纳一下大致有以下几种现象：

1. 能推则推：认为这是家长的事情，常把学生家长叫到学校，让家长把孩子领回家去教育反省。

2. 选择性"失明、失聪"：眼不见心不烦，只要学生在公众场合没做出格的事干脆就睁只眼闭只眼，以至于有些班级出现了谈恋爱成风的现象。

3. 棒打"鸳鸯"，想尽各种方法拆散：调整学生座位，让他们离得远点或干脆将其中一位调到不同班级；在班里安插小侦探，随时掌握学生动向。

4. 让有苗头的学生坐在一起，美其名曰"互相帮助"：有些教师认为谈恋爱可能也是好事，两位学生的成绩会在互相影响中一起提高。但众多事实表明，这样的想法往往是教师的一厢情愿。

针对以上这些误区，教师该如何避免呢？

1. 及时更新教育观念。教师特别是班主任应了解学生的心理需求。据笔者了解，学生谈恋爱的原因主要有以下几方面：一是觉得自己长大了，对异性产生了爱慕之情（这部分学生的比例其实比较少）；二是为了面子和攀比，看其他同学有了男女朋友，也仿效跟风找朋友；三是为了找个伴，这种现象比较多地出现在单亲家庭或者家庭虽然健全但父母陪伴较少的学生身上。只有搞清楚学生恋爱的原因，教育工作才能有的放矢。

2. 通过培训提高教师处理问题的能力和水平。浙江省中小学心理健康教育C证培训的普及，已经可以让教师在处理学生问题时从心理学角度出发，如不会把中学生谈恋爱视为洪水猛兽，更不会把学生的恋情公布于众。

3.加强家校合作。我们永远不能高估学校教育的功能而低估家庭教育的作用。每个"问题"学生的背后都有一个"问题"家庭或至少有一个"问题"父亲或母亲。而要家校合力，合作方式可以多样化，可利用教育互动平台、短信、QQ、邮件、微信等，帮助我们建立和谐的家校联系。但是要合理利用，不要让这些成为教师向家长告状的手段，从而推远家校关系和师生关系；应做到具体问题具体分析，家校共同帮助学生成长。

4.教会学生自我保护。恋爱中如果出现特殊情况，对女生的伤害相对而言更大些。在实际工作中，班主任最好用故事法或案例法，让学生在故事中自悟，达到自我教育的目的；或采用小品表演、辩论的方式，让学生在活动中懂得如何把握情感及正确处理情感的方法。

比如在帮助女生懂得如何与男生单独相处时，教师可以给出"放学后"这样的案例：两位学生在校健美操队集训，集训结束后，男生请女生去家里看电影。然后让学生进行讨论：假如是你，你会怎么做？去还是不去？请说明理由。

在学生回答了"去"或"不去"并阐明理由后，教师可以让案例继续：

这位女生怕不接受会伤了男生的面子，又的确对男生有好感，于是就一起去了。在一些电影场景和片段的刺激下，这位女生觉得男生越看越像男主角，就开始想入非非了。

接着，教师再问：如果是你，碰到这样的事情会怎么处理？鼓励学生进行换位思考。

最后，经过师生共同讨论后得出这样一些认识：与男生交往最好是在大集体中，在公共场合；要学会表达，学会拒绝，委婉的拒绝不会影响真正的友情；可以找个同学一起去……

这些认识对女生具有一定的指导意义，以后一旦遇上了类似问题，女生很可能知道如何应对。

总之，高中女生的青春期是非常美好的花季，同时也被称为"雨季"。因为她们会遇到很多困惑，尤其是情感问题，学会如何处理问题将会对其一生产生积极的影响。这需要教师的积极引导，需要教师的教育智慧。教师应该因势利导，与学生共同探讨，达成对情感问题的共识：学会接纳和欣赏自己；学会分辨友情和爱情，要把握好分寸；要懂得拒绝，同时又不伤害彼此的感情；用书籍充实自己，培养高雅的情趣；要警惕网络世界中的交友陷阱；学会抵挡金钱或其他物质诱惑等。这些，只有师生达成共识，才能入脑入心，真正成为女生的行动指南。

班主任心语

在十余年的班主任工作中,形成了宽严相济、理导相辅的原则,特别是善于将心理学知识渗透于班级管理中,努力做学生的"知心姐姐"。遇事都能换个角度考虑,特别善于把握学生的心理,能做到与学生心理共振,能用焦点解决法解决学生的短期心理焦虑。相信学生的潜能,善于培养学生的自我管理能力。

我的教育格言:只有打动心灵的教育才是真的教育。

阮巧玲

衢州第一中学高级教师。首届"江浙沪"长三角地区教科研标兵,浙江省教科研先进个人。

她，缘何成了国家楷模

——全国教书育人楷模、舟山教师张赛芬印象

黄莉萍

她是一个会"自然发光"的幸福体。

"几乎每年给她一个入学总分最低、班额最大的男生班，只需半个月，她带的班总会奇迹般地进入'先进班集体'的轨道！"在舟山职业技术学校副校长丁峰眼中，她是救火队员。

曾经桀骜不驯、满脸冷漠和不屑，中考平均分100多分的这群孩子，毕业时，高职考试通过率达95%，技能考证合格率98%以上。在家长们眼中，她是救星。

"家长们无助的眼神以及期盼的目光，让我倍感责任重大，使命光荣。"在张赛芬眼中，教育，就是一场收获满满的幸福旅行。

点 燃

这是一场放弃与点燃的较量。

上一节课，时间只需45分钟。而备课，张赛芬用了整整二十七年。

每年新接手高一班级，暑假，照旧是全员家访。只是，这样的暑假里，她还要走访在企业实习的高三学生，重点拜访有需要的高二学生家长。她同时担任两三个班的班主任已有十二年。

开学前一天的晚上，她给所有高一学生家长打电话，邀请他们一起来校，参加开学第一课。

高一学生的教室，在高二学生的帮助下，她照样布置得"萌萌"的。"橘黄色，明亮，充满希望！"每位学生的课桌上都放着一张写着学生姓名的纸，上面有她对学生说的话和她的手机号，反面是一份学生情况调查表，包括学生的家庭情况。每位学生填好后，她笑容可掬地端着手机过去了："来，留下高中的第一张照片，看，都是帅哥。"

这样一个细节，她暗伏了两个小心思。"孩子们想要保密的东西，比如父母离异之类，只会在入学第一天的第一个瞬间坦露。一周后，基本不会讲。"拿到了学生"隐私"的她，中午很忙。她"躲"在办公室，将照片中小伙子的脸与她手上纸头中写的名字一一对应起来。到了下午，她已经像"老班"那样，自如地叫着每位学生的名字。

对于学生来说，这是一个惊喜。而第一个惊喜在上午。

"不管你曾经考多少分，咱们一切从零开始。在我眼中，你们都是一张张白纸。"这是她在开学纸上对学生们说的话。

"你们看看，我们的专业有多好！"汽车修理、船舶修造、机械装配……这位班主任在二十七年中接手过近10个专业的班级，面对每个专业的班级，她的开场"演讲"中都有这样一句话。这却是她发自内心的言语。

暑期走访在企业实习的高三学生，她更是在走访企业，在为开学第一课而备课。将要接手班级的专业在舟山的发展现状、人才需求和未来前景，她都"门儿清"。

她请家长、学生在开学第一课看"大片"。

"大片"中，有《大国工匠》等纪录片的片段，有央视对舟山群岛新区规划及人才需求的报道，有学校专业学习、荣誉收获的训练场，更有优秀毕业生及行业精英的"现身说法"……

"看到社会对人才评价的多元化，看到舟山新区建设的人才新需求，才能真正转变他们的成才观，看到属于自己的希望。"在这位"大片"的剪辑师、摄影师甚至导演眼中，这些曾经被放弃和自我放弃的学生，只有被点燃，只有重拾荣誉感和自信心，才能有全新的开始。

陪 伴

开学第一周，常常是军训。这一周，她几乎全程陪同，晚上也住在学校宿舍。

"先从教学生爱劳动开始，这是自力更生的基础。"扫地怎么扫，鞋子怎么刷，衣服怎么洗……她像妈妈一般，不厌其烦地给这些大男孩示范着。"我跟他们说，会做家务的男人将来更容易收获幸福的家庭。"

这一周，每天晚上，每个寝室都将席子铺在走廊上，全班开始内务大比拼，比如叠被子比赛，并不比输赢，而是比合格。不合格的，她重新教，接着再比。三四次比赛下来，全班的被子都叠得又快又好。

第二周，开始上课了。她主抓的是坐姿和作业。

"有些孩子，初中三年基本都在睡觉，睡姿不正还睡出驼背，甚至腰椎间盘突出。"这一周，一有空，她就会在教室外巡查。上课没坐好的学生，下课接着练习。除了坐姿，她"死磕"的还有学生完成作业的认真程度，每天拿着作业成绩反馈表，仔细分析各学科任课教师的评价，分析学生成绩的浮动情况。"不好的重做。及时反馈跟踪,这样学生才能养成认真完成作业的习惯。"

每位学生都是有尊严的生命个体,关键是如何令他们重拾荣誉感和自信心。"只要肯努力,整个世界都会为你让路。"这是她经常激励学生的话语。她总是精心组织一次次比赛让学生获得成功的体验,激励他们树立"凡事勇争第一"的信念。

从入学第一场军训比赛的总分第一,到篮球比赛全校第一、拔河比赛全校第一、元旦文艺会演全校第一、演讲比赛全校第一,就连大扫除也获全校第一名,她的学生们"不辱使命",几乎包揽了全校各项活动的冠军。接着还有"更刺激"的:舟山市技工学校高一数学会考全市第一名、舟山市青少年救护技能比赛团体第一……

"我们从来没有这样自豪过、骄傲过。老师用她的执着和热情告诉我们,没有完成不了的任务,没有攻克不了的难关。她的陪伴和激励,让我们一点一点重拾自信,让我们真正感受到原来我们也很棒。"一名学生不无感慨地说。

"教师个人的范例对于学生的心灵,是任何东西都不能代替的最有用的阳光。"工作二十八年,担任了二十七年班主任的她,每天6点40分到校,巡查寝室后近22点回家。这么多年班主任当下来,英语教师张赛芬不仅有钳工中级工证书,还是一名有经验的焊工、汽车修理工。她能熟练指导学生如何准确地进行量、锉、磨、钻孔等程序，还能通过听声音判断汽车发生故障的位置。但凡有重大比赛，每天除了上课、吃饭、睡觉，她都陪着学生培训和演练。她就是这样用陪伴，给学生们做着"尽可能努力做好事情"的示范。

放 飞

她总是跟家长们说："这些孩子一教就会，都很聪明。"每天她都不肯让家长微信群闲着，一有时间就把课堂上、活动中学生们的"光辉形象"发送上去。"每个孩子都要有，家长们都瞪大眼睛找着呢！放大学生优点，才能激励他们做得更好。"

她也有"婆婆妈妈"的时候。只要学生一有状况，如因父母离异失落的，有自闭倾向的，整天捣蛋的，她必然要进行家访，即便学生家住在偏远的枸杞岛、大衢岛上也不例外。"要奉献，更要巧做。学生需要什么，我们就给什么。不要盲目地爱。"针对情况不一的学生，她总能想出不同的招。她让性格活泼的学生成为有自闭倾向学生的同桌，以及周末一起爬山的驴友。她让这名学生成为大家的数学小老师，鼓励他在发挥特长的同时不断与同学交流。去年，他一举收获了全省中职学生数学竞赛高一组的一等奖。而有早恋倾向的学生，她和对方谈人生、谈家庭，谈什么是爱，如何具备爱的能力。"你可以很欣慰地看到，想恋爱的孩子更愿意为自己的未来生活而奋斗。"

自律、自立、自励，这是张赛芬眼中学生成长的三个境界。"你得先拉着、推着他们往前走，最后，也是最幸福的时刻，引领对了方向就得放手。"

9月5日晚，在北京参加2017年全国师德楷模系列表彰活动的张赛芬照例收到来自两个班的信息，并及时转发到家长微信群。"今天孩子们的表现得到了校长的两次表扬，晚自习学习状态最好，最安静！""这是今天孩子们打扫教室的成果，超级干净！"……"一个高二班，一个高级工班，孩子们都能很好地自我管理，自我激励！"暑期家访后就没见过学生们的张赛芬很是欣慰。

除了良好的身体素质，交往能力、沟通能力、协调能力、主动学习能力和吃苦耐劳的精神，是张赛芬最看重的学生核心素养。"我通过'放手'，来培养学生的这些能力。"

她班级里的学生大都担任了班干部，学生们各司其职，并坚持通过班干部会议，汇报存在的问题以及改正的具体措施。"经过这样的锻炼，孩子们的沟通、管理能力大大提高，比如刚毕业的船机安全班，就有部分学生已成了企业的班组长。"

"我们的孩子很棒！"她总是这样提醒着家长，也渐渐放开手，让学生们放飞自我。"当一个人被信任，深深感到自己的重要时，生命就会奇妙地迸发出前所未有的活力，产生令人难以置信的责任感。"她说。

她放飞的，有挺拔、阳光的一等兵，有开奔驰车的业务经理，有自己开店的小老板，还有企业里的技术能手……"我的幸福感来自学生的成长，成就感在于家长的认可。"张赛芬时时会记起年迈的爷爷紧拽她的手："张老师，求求您救救我的孙子！"她也会常常念起去家访时老奶奶念叨的："大客人来啦！我家孩子碰到您，真是他的运气呀！"

"你看，这个岗位，那么重要，又有那么多的回报！"

班主任心语

你看，这个岗位，那么重要，又有那么多的回报！

张赛芬

浙江省特级教师，曾连续三届获舟山市优秀班主任称号。曾获全国教书育人楷模、全国最美教师、全国模范教师、全国中小学优秀班主任、全国教育系统巾帼建功标兵、浙江省杰出教师等荣誉称号。

我的班里有十多位体育生

潘秋芳

新高考改革,学生可以自由选择选考科目。这样,学生也就可以按照意愿选择自己的班级。自由选择的结果就是一帮平均身高在180厘米以上的体育生自愿组合到了同一个班级。今年,我就担任了一个有13位体育生的"政史地"班级的班主任。

新班级组成的第一天——

"班主任哎,请你放心,我们在运动会上会让你成为全校的女王陛下!"

"老师,建议学校多开几次运动会!考试一个学期都考好几次呢!"

这是我与这批"小马驹"的第一次见面。我把自己为每位学生精心准备的《成长档案之开学见面礼》发给他们,里面第一块内容就是"老师对你说"。我给他们写了一封长长的信,信中介绍了班级的总体情况、我的年龄、性格特点、教龄、班主任年限，我的部分教育教学成绩、带班理念，我对他们的期待以及我们的目标。然后让学生们填写自己的基本信息，对班级和班主任的期待，希望得到老师的表扬是什么，能为班级做的事情，给班级的好建议以及他们的梦想等。晚上回家，我一本一本细细地翻阅，大部分学生告诉我只需要老师口头表扬就好了，对于惩罚，他们都愿意接受。很多学生对班主任的期待是"不要看不起我们""不要放弃我们""希望老师能公平对待"……学生们最简单的要求深深刺痛了我！

那晚，我失眠了。我真的要洗尽我的点点荣光和丝丝傲气，这是一群需要好好呵护的"小马驹"。我很想当时就给这些学生一个温暖的拥抱。第二天，一到班级我就向所有的学生承诺，只要他们自己不放弃，我一定不放手。

我自认为是一个对教育有浪漫情怀的人，也一直坚守慢教育的理念。于是，我经常课间到班级里"混"，做一个参与者或者一个静静的观察者。每一天，我都把从他们身上挖掘到的优点在班级里放大、表扬，并向任课教师传递这些信息。我希望每一个孩子都是一颗星星，虽然看着小，但若我们的心够清澈，天空够明亮，他们一定会发光。体育生训练时，我多次到运动场去观看，给他们拍美美的照片；为了能让学生间更好地相互理解，我利用班会课带着非体育生一起去看体育生训练，学生们都被震撼了。

一切都会好起来，但过程并非像教育理论书籍上写的那样，只要你宽容、全身心付出，孩子立马就会被感化。过了一两个星期，"小马驹"们开始试探我的底线，寝室卫生一个星期内三天不打扫。接到寝室阿姨的投诉电话后，我到超市买了一双手套、一瓶洗洁精，进了男生寝室。地上一片狼藉，书架上放的是运动服，卫生间很脏，阳台上袜子、鞋子乱扔。第一次，我花了将近一个小时打扫。第二次阿姨打电话来的时候，我又自己去了。阿姨见到我说："潘老师，哪有老师来扫寝室的啊，你要罚他们，让他们自己来扫！"我笑了笑。第三次我趁阿姨没注意又溜进了男生寝室，因为我真怕阿姨笑我"这个班主任人是好，能力没有"。去了三次后，到现在又过了将近两周，不知道什么原因那个寝室再也没有了扣分单，我也没有接到阿姨的投诉电话。有一天我悄悄去寝室检查，显然比先前好了许多！

　　体育生血气方刚，相互之间容易产生肢体冲突。上周我班两位又高又帅的男生在玩游戏的时候相互推搡了一下，受了点小伤，按学校的规定要回家反思。不管如何宠爱学生，规定要遵守，我通过与学生、家长和学校的多次、多方沟通，家长非常配合地把孩子带回家了。看着他们离开我心里非常难受，因为给学生惩罚并不是教育的目的。第二天晚上我就登门拜访，看望两位学生，说说自己的想法，也让他们说说自己的认识，并与家长深入地沟通了新高考赋分的规则以及孩子的生涯规划。家长、学生都非常感动。当两位男生的手握在一起的时候，我心安了一些。

心打开了，路就通了！

前不久，我给班级拟定了一个"八班崛起赶超自己"的方案。方案规定，扣分以"1"为单位，加分却是以"1、2、3、5、8、10"为单位。每月累计超30分，"老师请吃饭一餐"；超40分，"老师请看电影一场"；超50分，就将获得大奖"老师请家宴一餐加电影一场，并专车接送"。"小马驹"们沸腾了！"老师，你说话要算话，我们就想你请我们家宴一餐！"傍晚在楼梯上碰到两位体育生，他们还在商量着如何挣分。我觉得希望来了！

钻木可以取火，何况是面对青春年少的学生们！一点点火光，也许就能燎原！

班主任心语

嗨，我是蜗牛妈妈，"甘当蜗牛，塔尖会鹰"，这是蜗牛妈妈带领蜗牛班级的信念。

每天写工作日记，每天给每位孩子写一张励志便利贴，一个学期写了4000多条，每个学期给每位孩子颁一个奖项，给每位孩子刻一枚蜗牛印章作为毕业礼物……用两年时间把一个体艺特长生班带到了全国青少年模拟政协大赛的舞台!

这是因为蜗牛妈妈牢记习近平主席的让每一个孩子都出彩的叮嘱并努力践行着!

潘秋芳

丽水中学班主任,浙江省中小学班主任工作室领衔人,省优秀党员,丽水市德育名师,丽水市党代表。个人专著有《我的一天,我的一年》。

小妙招　大智慧

徐玲云

走上教坛已十五年，一直担任着班主任工作，我有过蹒跚而行的惨淡，也有过攀登山顶的自信。我在学生中间，呼吸着、思索着，感受着每颗心灵的跳动。班主任工作千头万绪，怎样在纷繁复杂的学生工作中游刃有余，忙而不乱，不被这些琐碎的工作牵着鼻子走，是每个班主任必须孜孜以求的事情。掌握好一些"小"招数可以帮助班主任更轻松地管理班级，更有效地引导学生。

曾经，我接收了一个特殊的班级。

特殊之一：全班42个孩子，男生28个，整整占了三分之二。

特殊之二：四大"天王"、五大"高手"、六员"猛将"齐聚一堂，另加一名"小霸王"，惹是生非特"猖狂"。

这样下去肯定不行，因为当时他们才上四年级。于是，我采用高压政策，制定了一系列班规。学生一旦犯错，我就搬出班规严厉地惩治一番。原以为以严治"暴",会有效果,没想到四年级正是小学阶段叛逆期的开始,那些"高手""猛将"搬出一副我行我素的姿态,愣是把我气得没辙。

怎么办?怎么办?一次,我和女儿讲《仙鹤和群鸟》的故事,故事中的仙鹤老师用魔术吸引了所有学生。对,有了!

那天,我走进教室,拿出一根皮筋,跟他们说,老师今天要变一个魔术。听到"魔术"二字,班中的"活络分子"们拼命地给我鼓掌。于是,我开始表演最拿手的"皮筋术":我拿出一根普通的皮筋套在食指和中指上,然后一握拳,吹一口"神气",皮筋就迅速地跳到无名指和小指上了。第二次,我让孩子们帮着吹一口气,然后皮筋又乖乖地跳回去了。孩子们特别激动,使劲地为我鼓掌。于是我说,我要把这根带魔力的皮筋送给上课表现最好的孩子。那堂课孩子们还真的特别专注,尤其是素有"小霸王"之称的小Q,简直跟换了个人似的,整堂课都积极参与。当然,他如愿以偿地得到了这根魔术皮筋。下课的时候,他还缠着我说:"徐老师,你教教我嘛!"我故作神秘地说:"可以呀,不过这两个星期表现要这样……"我边说边竖了个大拇指。没想到,他还真的做到了。

此后,我利用课余时间学习各类科学小魔术,什么"色子猜点数""纸牌跳水",还有"乒乓球悬浮术""纸片大力士""可乐喷泉"……我还学了魔方归位,学了解益智环、孔明锁等益智玩具。我还答应所有的道具都会送给最近表现最棒或进步最大的孩子。当时我分明留意到了我们的小Q两眼放光,他被这些小家伙深深地"诱惑"了。那段时间,孩子们上课安静又专心,下课疯跑的孩子也少了,都在专心致志地研究摆弄这些奖励来的益智玩具。

也许你会说这样投入太大,我也有自制的奖品。我好书法,也爱画画,你看,我手上的笑脸就是我抽空用画纸边角料画成的。谁表现够好,我会随时送上一个,背面还可以得到我为他设计的签名。这笑脸的魔力有多大?如果你走进我们乱哄哄的教室,把这张笑脸卡亮出来,孩子们立马就会像士兵一样坐端正,真的有如此魅力。

关键是这样一来,孩子们特别佩服我,逢人便夸"我们的徐老师什么都会"。我也很享受这种被人崇拜的感觉。

此外我还学了好多游戏,还和孩子们一起拟定了班规和具体的加分制度。我和他们约定:只要学得认真我们就可以玩得开心。孩子们真的很争气,任课教师个个都很诧异,不断地在他们面前竖大拇指。

去年7月,那届孩子参加完高考来看我,听说有不少孩子取得了700多分的好成绩,小Q得了735的高分。小Q还带来了一个四阶的魔方和一个玻璃罐子,透过玻璃,我看到了当年奖给他的那一大把笑脸。

小妙招见大智慧！只要我们用心去思考，用心去感悟，总会有那一瞬间，一颗流星、一点流萤，在广袤的夜空，让我们感受到每一个鲜活生命的独一无二和与众不同。

班主任心语

要使我们的少年儿童成为全面发展、人格完善的人，不是靠强硬的规章制度、权威的教师地位，而是靠如水的至诚之心，润物细无声的至高境界。

滴水穿石：水是柔弱的，然而竟能穿透坚硬的石块。水的这种韧性和恒心给我们教育工作者的启示是，教育工作不是一蹴而就的，塑造人、培养人、完善人是一种长期的艰辛劳动。

水至清则无鱼：学生在成长道路上，不可能不走弯路，很多时候，学生需要包容与信任，而不是苛责与放弃。只有懂得包容，教师才能真正走进学生的内心世界，和他们进行心灵的对话，共同成长，共同提高。

真水无香：真水是无香味的，诚如那些默默躬耕于三尺讲台的老师，恪守着自己的精神家园，不让尘世的喧哗在心湖激荡起一丝涟漪。

教育如水，来自山间，来自江河，也来自心灵。教育，凝聚着新生的活力，带着社会的寄托，肩负着重于泰山的责任。

徐玲云

先后荣获区"十佳"师德标兵、区"十佳"优秀班主任等称号,被评为绍兴市德育学科带头人。曾获浙江省中小学班主任基本功大赛一等奖,所拍摄的品德录像课"让我们同行"获评教育部"一师一优课、一课一名师"活动"优课"。

第六辑　举足轻重的思辨

在班级里，班主任的地位，举足轻重。

"保持一种反思、学习的状态，是我三十年班主任工作最大的收获。"两年后即将退休的周红老师说。

这个篇章，聚集的就是一群在思辨中前行的优秀班主任。

班长请你吃菜饼
——论教师规则意识和学生空间自主性

宋卫庆

下午自习课结束，我们的班长李同学跑到办公室，问我哪里可以买到菜饼，40多个菜饼。

我有些错乱，一下子蒙在那里：40多个菜饼，买来干什么？

"昨天晚上隔壁班班长请他们班的同学吃了菜饼，说是为了奖励大家为获得'文明班级'做出的贡献，所以，今天我们班的同学让我也请他们吃菜饼，因为我们也是文明班级。"

听他这样一解释，我差点没笑出来。班长请全班40多人吃菜饼——画面太美，不敢想。

我把隔壁班的周班长找过来，问清楚情况再说。周班长向我道出了其中原委："上个学期文明班级评下来后，我们班主任给全班同学叫了外卖——晚自习时每人一个菜饼。"

"同学们就在教室里吃吗？"我打断道。

"对的。"周班长认真地告诉我,"最近我们不仅又获得了文明班级,还在篮球赛上取得了不错的名次,所以我看这次老师出差在外,就想到不如自己也请大家吃个菜饼吧。"

其实,以前我就知道有同事叫了外卖,请学生吃菜饼的事情。只是我并不太赞同这样的做法,原因来自我对一条与之相关的校规的认识和理解。

我所在的学校,校园面积大,班级也多,学校对学习、生活和运动的功能区域划分很清晰,对校园空间功能的管理要求非常严格。考虑到学生如果在教学区吃包子、菜饼、葱油饼等食物,浓郁的刺激性气味弥漫整个教室会影响学习环境,学校就出台了一条相关的校规:学生不得在教学区用餐,如需用餐,必须将食物带到食堂,在食堂吃完后才能进入教学区。对于这条校规是否合理,我此处不做赘述,但是学校对该条规定的落实情况一向检查严格,因为学生在教学区吃早饭而被纪律扣分时有发生,年级组和班主任在这方面投入的教育精力也不少。

班长请大家吃菜饼,或者班主任因为体恤学生而买来菜饼给晚自修的学生加餐补充能量,甚至直接把菜饼作为奖品,这本是发生在校园生活中一件无伤大雅的小事,但是因为有一条要求大家共同遵守的校规制定在前,如果我们从道德教育的细节方面来对此事进行思考,这件事情就很值得细究一番,甚至可能会变成一个耐人寻味的话题。

　　首先我想说的是，在一条强制学生遵守且督促班主任必须管理到位的校规出台后，它会产生怎样的影响。

　　因为要赶早读课，上学早，并且教学区又不能用餐，所以有些学生特别是走读生就会在公交车上吃包子、菜饼之类的早点。但是，我们都知道公交车上一般都不会允许乘客吃有浓郁气味的食品。"清晨整辆车上几乎都是赶着去上学的学生，大多在车上吃早餐，这时提醒也没什么用。"公交车司机这样告诉我。

　　其次，如果发现学生在教学区内的教室、走廊和楼道口吃早点，学校相关管理人员和班主任就会批评甚至处罚他们；而如果是班主任，却可以堂而皇之地把外卖叫到教室里来"犒劳"晚自习的学生。这样前后矛盾的做法会不会让学生在潜意识里形成这样一个看法：身处同一个空间，面对同一条规章制度，只要权力够大，就可以随意决定他人是否需要遵守这条规章制度，这样带来的隐性的负面作用将有多大呢？

　　再次，无论是在公交车上吃早点，或者三五成群地站在学校门口的几个垃圾箱旁边吃完早点才匆忙走进学校，都是每天需赶早学的学生们不得已而为之的。这种种难堪，绝对不是一句"学生需要引导和教育"能搪塞过去的，这背后其实牵扯着一个"学生空间自主性"的现实困境。

空间建筑首先具有实用功能，教室主要用来组织教学活动，这是大家都明了的道理。但是我们也都知道应该"让每一面墙壁都说话"，包括教室在内的学校建筑空间不仅要为学生提供教学场所，也要能够使学生的精神得以憩息。学校和公交车不一样，它是学生生命成长中不可或缺的空间。我们经常说，学生一天当中身处学校的时间远远多于在家的时间，但是学生对如何使用学校的教室、走廊、寝室和运动场却几乎没有发言权。长此以往，很难让学生生成对学校的认同感，往远一点说，甚至会妨碍其建立自我认同感——我在这里学习、生活这么长时间，可是什么是属于我的？

同时，我们通常都认为强调服从会让人感觉到自我的卑微，让人觉得没劲。但是宏观来看，如果学生缺乏这种服从性格的养成，也有可能妨碍其形成宽阔的胸怀，从而难以成为一个有强大自制力的人。所以，面对两难困境，我还是选择先服从校规。

"我不知道哪里可以买到这么多菜饼，当然，我认为你也大可不必去买，我现在去帮你把道理向同学们说说清楚。"我看着还在苦恼中的李班长，"学校那么大，有山有水，不如我们号召大家设立一个奖励基金，举办一次定点越野赛跑吧。"

班主任心语

2006年8月8日，我在自己的《丙戌日记》里写有这样一段话："忙完一天，回到宿舍，随手开灯，柔和的灯光覆盖了我，让我觉得安详、温暖。我想，如果有一天我们天下所有人做事和待人都像这灯光一般温柔温暖，那该多好啊。"

我认为中学教师的职责不仅仅在于帮助学生完成学业，更在于伴随，伴随那些年轻的生命见证青春的精彩。我相信任何时代都需要梦的气质，作为中学班主任，拥有广阔的视野，尊重少年人成长的规律，能够更好地帮助青少年完善人格，让道德教育充满道德。

宋卫庆

2002年毕业于浙江大学，现在桐庐中学任教。曾先后被评为浙江教育年度影响力人物、浙江省首届"十佳"心育导师、浙江省师德先进个人，是浙江省中小学班主任工作室领衔人、杭州市班主任工作室领衔人。入选为杭州市德育专家库专家成员、杭州市"131"中青年人才和桐庐县创业创新型高层次人才。2016年获得全国首届中小学班会课大赛一等奖。

别在"对不起"中轻易动摇

李 芹

在一次观摩课上,教师邀请三五位学生上前一起玩游戏。其中有一位男生的表现极为特别,始终紧贴在教师一侧,一旦其他学生想要上前,他便伸开手臂将对方赶回原位。一位女生受不了他的霸道,执意往前迈了两步,紧挨教师另一侧。岂料,男生顿时挡在女生前面,伸手将其推倒在地。场下老师一片哗然,倒是学生们似乎见怪不怪,依旧正襟危坐,耐心等待着教师出面调停。

教师扶起摔倒的女生后,提醒男生诚恳地向对方道歉。男生爽快地说了声"对不起",然后径直回到座位上。似乎在他看来,只要道了歉,就没有事情了。课堂游戏自然没法再玩下去了,教师连忙让其他几位学生回到座位。

课后,那位有个性的男生成了听课教师饶有兴致谈论的话题。原来,他算得上这所学校的"风云人物",三天两头欺负同学,教师和家长为此头疼不已,然而绞尽了脑汁也没能帮助他改掉爱闯祸的毛病。

　　这样有个性的学生我还是第一次遇到，心里忍不住生出一丝好奇。于是，趁着中场休息，尾随学生们来到教室门口。已然下课，但学生们都很自觉地坐在座位上，一动不动。班主任气得脸色铁青，把肇事的男生请到了讲台，让他当着全班同学的面再次向受伤的女生道歉。男生一改刚才的嚣张模样，低垂着头，好像在为自己所犯的错误深深自责。随后他抬起头，朝着女生的方向，似乎诚恳地说了一句"对不起"。女生通情达理，又或者不想跟他多计较，淡淡地回了句"没关系"。

　　接下来，班主任又耳提面命地对男生说了一堆友爱、团结的大道理。男生认真听着，点头答应着："老师，我错了，以后再也不会了。"

　　岂料，班主任刚转身走开，男生就如脱缰的野马，在教室撒起欢来。同学放在桌上的一把普通直尺引起了他的兴趣，他顺手抄起尺子往同学脑袋猛敲下去。挨打的同学不服气地站起身来，准备和他大干一架。男生见形势不妙，赶紧跑出了教室。

　　望着那呼啸而过的身影，我不禁自言自语："做错了，光说一句'对不起'就够了吗？"

　　答案自然是否定的。一旦犯错，一句轻巧的道歉就能换得所有人表面上的原谅，让犯错者误解为一声"对不起"就能彻底弥补自己的过错,那岂不是在纵容他继续作恶?

当孩子犯错,社会、学校、家庭都没能引导其承担相应的责任时,一次道歉和一顿苦口婆心的劝导根本不足以帮助其认识到自身的问题,更不可能彻底改掉缺点。除了说"对不起",我们应该让学生以实际行动弥补自己的过错,且这将功补过的行动不是一时的,需要一定时间的坚持。

不久前,我所任教的班级里,一位男生在课间活动时将一位女生推倒在地。我看到后,第一反应并不是批评,而是立马交代这位男生把女生送去校医务室。经检查,女生并无大碍,他俩又一同回到了教室。

至于那一句"对不起"不应该由教师提醒后才敷衍地说出口,也不是有许多人的见证才算得上正式的道歉。男生其实在送女生去检查的时候已经意识到自己的过错,因此在回来的路上主动对女生说"对不起",我想这才是有意义的道歉。

案例中男生的行为也影响了上课教师的执教进度。这位教师原本满载希望而来,却因为一个意料之外的插曲而手足无措,错失了一次展现自己的机会。这时候,男生一杯温暖的茶或者一封诚挚的道歉信都可以让教师的沮丧和失望减少一点。这远比一声"对不起"来得有价值。同时,由于男生的特殊表现,听课教师中难免会有人怀疑学校的教育理念,甚至也会对该校其他学生留下"没礼貌"的印象。因此,必须让男生意识到自己行为导致的后果，教师应引导他通过实际的努力将负面影响降到最低。可以建议他放弃中午休息的时间主动带听课教师参观校园，又或者趁教师休息时认真打扫会场卫生等。

犯错并不可怕，可怕的是每次都试图用一句"对不起"逃避自己应该承担的责任。让学生为自己的错误负责吧，唯有在高成本的将功补过中，才能让他们意识到错误的严重性，从而减少或避免类似错误的再现。

班主任心语

工作第一年起开始担任班主任，起初有各种不适应，不知道如何引导孩子摒弃各种问题行为，也不知道如何跟家长沟通，更不知道如何总结身边同事的成功经验。于是，我只好不停地翻看案例，观看教学视频，也时常提起笔写些粗浅的感受。渐渐地，我开始不慌不忙也不乱了。

也许，我能给学生带去的帮助是有限的，但希望孩子们能在我有限的付出中感受到我对他们的关心，体会到校园生活的温暖。更希望很多年以后，当他们长大成人，偶然间提起自己的老师时是面带笑容的，内心是温热的。

让孩子在学校得到尽可能多的幸福，这不正是班主任的职责吗？这也是我所孜孜以求的。

李芹

桐乡市濮院茅盾实验小学班主任,全国小学语文"百佳教师"、全国写作指导优秀教师,曾获全国小学语文拓展性阅读课评比一等奖。

不听话也是一种选择

费　颖

不少教室里都有一个特殊的座位，不听话的孩子会被无情地安排在那里。而不听话的孩子居然很听话地坐在那个位置上，想来，真是个尴尬的座位。

我的教室没有这样的位置，但是，曾经发生过跟位置有关的故事。

"小章，坐到教室最后面去。"带着不容反驳的语气，我冷冷地下了命令，在全班同学面前。

小章低着头，脸涨得通红。全班同学鸦雀无声，所有的目光聚焦在他身上。

教室里没有动静，安静得令人窒息。

小章，物理课代表，成绩优异，思想单纯。原以为他不敢违抗，没想到这个一向柔弱的孩子不顾一切、坚定地说了一个字："不！"

"既然你上课要睡觉，为什么要占这么好的位置？"

"这是资源浪费，你知道吗？"

……

当意识到小章决定用沉默抗议时，我知道我说得再慷慨激昂都无济于事。

公然挑衅。强制他服从还是后退一步？

"这个孩子选择不听话一定有他的原因，应该给他争取权利的机会和时间。"我的脑子在飞快地运转。

于是，我走到他身边，轻轻地拉他一下，平静地说："你确定不坐到后面，是吗？"

沉默。

"那好，今天回家你自己跟父母说：我上课睡觉，费老师让我坐到后面，我没有听老师的话。"

班里有个约定，我一般不打电话向家长告状，一旦遇到问题，孩子自己跟家长说，然后找到解决问题的办法。家长也不会晚上打电话来征求我的意见，因为我跟孩子会有进一步的交流。

第二天早自修，走进教室，小章将座位搬到教室后面，事情的发展在我的意料之中。

"小章，你为什么坐到后面？"

"我妈妈说了，不听老师的话是不好的，她让我坐到后面。"

我的表情严肃起来。

"你昨天不肯坐到后面,我其实是很佩服你的。因为,这表明你不想做个自暴自弃的学生。但是,今天你坐到后面了,你不想做任何努力了吗?好吧,你就继续睡觉吧!"巧妙地将昨天的尴尬化解,学生若有所思地看着我。

"老师,我不想放弃自己,我要坐回去。"小章委屈地说。

"不行,男子汉做了决定不能反悔。"我也坚定地说。

"不听话不行,听话也不行,我到底该怎么办啊?"小章显然无所适从。

"好吧,下午的班会课我们来讨论这个问题。当然,你们能想到解决的办法更好。"星期二,正好有班会课。

班会课,刚踏进教室,小章已经站在讲台前面,将一份全班同学的签名递给我。

"为什么你们认为小章应该坐回去?"我问。

"小章求我们帮帮他。"

"有人求你帮忙你就帮吗?"追问,找到背后的故事。

"他说以后上课再也不会睡觉了,再说他上课看不清黑板挺可怜的。"

"因为可怜,犯错误就不需要承担责任吗?"我故意为难学生。

"他说他要为班级做三件事情,用这样的方法承担责任,我们觉得可以给他机会。"

……

议论结束后,我表达了自己的看法。

"其实,听不听话,只是一种选择。我不觉得听话的就一定是个好学生。你们可以听话,但是不可以盲从;你们也可以不听话,但表达抗议时,还应讲清楚'不'的理由。我到目前为止还不清楚小章不愿坐到后面的原因。

"这样,我们来个情景模拟。

"晚上10点,你在看书,老妈喊你睡觉。

"场景一:'哦。'你依然看书。妈妈再次提醒,"烦死了!"冲突一触即发。

"场景二:'知道了,给我两分钟时间,我把这部分看完,否则我会睡不着的。'双方达成一致。"

学生似乎明白了自己为什么在父母眼里是个不听话的孩子。

"其次,因为妈妈说不能不听老师的话,你就服从了。那么请问,你自己的想法呢?既然老师给了你思考问题的时间,你就应该在听取家长意见的基础上,做出负责任的决定。

"同样,对于大家来说,要不要听小章的话帮助他也是你们的选择,你们有拒绝的权利,但是……"

还没等我说完,有学生就接了下句:"要我们倾听小章的想法后,再决定。"

教育的意义在于,不仅仅当事人受到了启发,而且它还有辐射力量。

"以后,你们会面对各种各样的选择。与其做听话的丢失了自我的墙头草,不如做不听话的不卑不亢的真君子。小章,请做出你的选择。"

"费老师,同学们,我想坐回原位。你们会看到我将来的表现。"

将事故演绎成故事,就是教育。

在事故里,教师言传身教避免冲突的智慧;在故事里,不听话的孩子成了懂得自主选择的孩子。

班主任 心语

一直在思考:学生为什么要听老师的话?

因为我是老师,我是班主任?这是专制。

因为我说的是对的?我相信老师说的在理论上是正确的,但是,这些放之四海而皆准的道理能进入学生的心里,成为学生的价值判断吗？很多时候，这是霸权。

因为我为学生好？那么好的标准是什么？是把每个孩子塑造成教师需要的样子，还是耐心读懂一个成长中不时犯错的孩子？前者是自恋。

想起两个故事：铁杵成针，薛谭学讴。磨针的老婆婆用行动让李白恍然大悟，秦青用自己的歌声让学生迷途知返。所以，学生不听话，或许是我们的说教太多，或许是我们的自我修养不够。教育在很多时候无关对错，关乎合不合适；不是说教，而是感染。以听不听话来衡量学生，正是师生之间频发冲突的根源。

费颖

任杭州市朝晖中学班主任二十九年，浙江省师德楷模、浙江省教改之星、杭州市模范班主任、杭州市优秀班主任、浙江省家庭教育讲师、中国陶行知研究会青春期家庭教育工作室领衔人、全国名师大讲堂特聘专家。曾获全国教师教学艺术大赛一等奖（语文），中国陶研会青春期教育"原创课堂"教学大赛一等奖，中国陶研会家庭教育工作坊一等奖。课题《学校道德教育生活化、情感化、社会化》获全国班集体建设课题评比一等奖。5集专题片《费老师班的研讨会》由杭州市教科所成功拍摄。

公平公正的班级小世界，可有什么故事分享

余 鱼

班上有人举报同学私自带巧克力上学并骂人。被举报者说："他叫我把巧克力送给他吃，就不告诉老师！我没给他，他就把我告了！"班主任让举报者看着被举报者把巧克力吃了，还要举报者写道歉信。理由是：举报者威胁、勒索同学，选择性讲述事实。最近，因一块巧克力引发的"班主任惩罚举报者"一事受到社会广泛关注。这位班主任说："我喜欢公平公正的生活，希望在我的班级里营造这样一个小小的世界。"

桐庐中学的班主任宋卫庆认为，违反校规（带巧克力到学校）的学生理应和勒索同学的学生一样受罚，"巧克力事件"中教师将个人偏好置于道德和校规之上，其做法并不是公平公正的。教师如果总是不自觉地用个人偏好来僭越学生个体对审美和成长的道德需求，不利于学生形成完善人格和健康心理，必定会让学校的道德教育失去作用，甚至走向反面。

省德育特级教师周岚也说,她管理班级最大的秘诀就是用班规来保证公平公正。每次接手新的高一班级,开学第一天,她都会把初拟的班规展示给学生并逐条征询意见,然后加以改进。班规通过以后,就不折不扣执行。"每一位学生都是我们心中的至爱,公平公正的氛围让学生对班级有归属感,对班主任有认同感。"

在班级里营造一个公平公正的小世界,真的那么重要吗?要营造公平公正的小世界,来看看我省各地优秀班主任们都有哪些妙招……

这并非"多此一举"

前不久,教育局举办"文明就在我们身边"的演讲比赛。学校把一个参赛名额分配到我班,因为知道我班学生周玉祥演讲非常厉害。可是,我班坚持了一贯的做法:马上成立评委小组,商讨确定量分标准,让全班学生自愿报名,进行公开选拔,最后通过优胜劣汰确定上报人员。学生们说:"不管什么比赛活动都要公开选拔,不管有多难,这个规矩不能被打破。"这让我很欣慰。事实上,通过这样公平、公正、公开的选拔活动,学生们会明白"任何成绩都要靠自己努力换得,成功来之不易"。同时,也极大地激发了获胜者的自信心。我认为,这

就是能力的培养。(永嘉县上塘镇城关中学陈建仁)

真正"看见"每一位学生

其实公平公正不是单单指处理事情,还包括关注到每一位学生。要做到这一点,确实很难。记得刚任教某个班级时,我偶尔记住了一位学生的名字。有一次在走廊里遇见,他向我问好,我叫出了他的名字。他一脸的不可置信:"王老师,才上了一次课,您居然认识我?""你是我在这个班级认识的第一个学生哦!好好加油!"他确实一直"好好加油",至少在我任教的这门课上。这让教他其他科目的同事一直向我询问有什么妙招让这"朽木开花"。这次无意中的关注让我体悟颇多,也改变颇多。

老师们可以经常这样反问自己:"班级中还有多少被我们忽视的学生,如果我们能够多投一丝关注的目光给他们,也许他们的人生会有所不同。"(宁波市职业技术教育中心学校王姬)

尊严在每个孩子心里

从微格教室回来的路上,惊见小晨眼角有血。我问:"怎么回事？"话音刚落，小杭大声地说："排队时小豪用铅笔戳的。"我半信半疑，小晨在队伍的前面，小豪在最后，怎么能戳到呢？这时，有更多的学生附和说是小豪干的。小豪是一个只会用手势表达，不会说话的特殊孩子。他一个劲地摇头、摆手，涨红了脸。小晨却一直保持沉默。而小杭是一个成绩优异、活泼调皮的男孩。基于二年级学生"人云亦云"的心理特点，我决定要查个水落石出。我很严肃地问："你们谁亲眼看见是小豪用铅笔戳的？"

果不其然，经过仔细调查，原来这是一场"谣言风波"。我狠狠地批评了小杭，并要求他向小豪道歉，其他同学也纷纷向小豪道歉。看着小豪微红的双眼和渐渐平复的情绪，我突然觉得尊严存在于每一个孩子的心里，而老师的公平公正，是点燃他们尊严之光的火石。（一位不愿留下姓名的班主任）

契约精神就是最好的公平公正

作为一名班主任，我最怕学生用"某某也……"的托词来给自己的错误找借口，似乎别人犯了这样的错误没有被罚而他被罚了就是天大的不公平，全然不记得自己需要为自己的错误承担责任。因此，我将这句"某某也……"的用语列入班级禁用语。学生违反班规时，如果是老师或班委弄错，他拥有直接向班主任或者更上级领导申诉的权利,但不能说"某某也……"。在我看来,对于一个班级而言,保证每个学生都自主遵守规则,拥有自我管理的契约精神就是最好的公平公正。
(杭州市滨兴学校姚贺国)

勿以爱的名义去伤害

费红亚

爱，无法在我们患得患失的想象中被证实。

第一次刻意地去注意她，是在开学一个月后，学校统计贫困生的情况。我才发现有这么一个孩子，从小是被一位先天残疾且未婚的母亲领养的，靠着低保金过日子。

从教十多年，经常能遇到这样能让你的心忽然变得沉重起来的孩子。他们过早地经历着同龄人无法想象的磨难。我对这个特殊的群体也就有了特殊的情感。我一直认为，这样的孩子应该得到老师更多的关爱；同时，我也固执地认为，这样的孩子应该更坚强，学习应该更勤奋。只有这样，他们才能离开父母的呵护自立，也能从容面对一切苦难。

于是，这位孩子立刻被我"关心"起来。我为她申请了学校补助金；对她的学习也提出了更高的要求——达到班级中上水平，并给她安排了劳动委员一职。

然后，我开始设想：她对学校的感恩，对学习的热情，对工作的投入，一位坚强、乐观、能干的优秀学生从此诞生。可随后的日子，并没能印证这一切；相反，还出现了抄作业、工作敷衍等现象。

不知什么时候起，我对她的爱已变成了一个个衡量她的指标，内心深处最初的那丝"疼痛"与"怜爱"也变成"怒其不争"的"失望"与"无奈"，她离我的设想越来越远。在第二学期的班干部改选中，她没有参加竞选。

我一如从前，对她默默关注，默默衡量，默默设想着下一天她能奋起。我以自己的方式爱着她。

一年后的一个傍晚，我从电话中得知孩子母亲病逝了。我又在心里打起了腹稿，想着该如何安抚孩子。让我意外的是，第三天，她竟按时到了学校，照常上课，照常与同学说笑。我默默赞叹孩子的坚强，我想，就让一切交给时间吧，孩子会收拾好心情，重回学习的战场。

可就在几天后，正准备下班，我接到了她伯伯愤怒的电话："你们老师怎么可以打人？孩子刚没了妈妈，她在家里大哭……"

这又是我始料不及的。我很快问明了情况。数学课上，孩子听讲不认真，作业错误频出，被老师叫到办公室来订正，一问三不知。恨铁不成钢的数学老师就把作业本甩向了她，手背恰巧打在了她肚子上。

孩子回到家，看到亲人的那一刻，撕下了这几天所有的

"故作坚强",许久以来所承受、积累的一切委屈与伤痛,顷刻间伴随着泪水迸发出来。

那晚,是我第一次跨进她家的门。

她与母亲及年过七旬的爷爷奶奶蜗居在一起。更多的时候,她才是这个家里真正的"大人"。自开春那场大雪以来,母亲身体一直不好,很多的并发症折磨着她。孝顺的孩子为了能让母亲睡一个安稳觉,常常抛下功课给母亲按摩,有一次竟到了凌晨一点。到了5月,母亲病重入院。于是,孩子一边牵挂在医院里的母亲,一边牵挂家里的老人。而我,竟还委以重任,严格要求,以自己的设想设计着对她的爱!

口口声声说爱她,为什么最后却是这样的结局?

给予物质帮助,就一定要孩子心存感激而努力学习吗?一个个冰冷的指标,就一定会让孩子动力十足发愤图强吗?不闻不问,故作淡然,真的能让孩子自动疗伤,走出低谷吗?把爱当作一种模式、一种手段、一种技巧,那么,最终只会以爱的名义伤害孩子。

教师之爱,不是为了达到某种教育目的而做出来的一种姿态,它应是一种氛围、一种思想、一种情怀,它自然而然地贯穿于教育的每一个环节,潜移默化地浸润每一个孩子的心灵。

带着这份认识,我在教育的路上重新出发。

她不爱说话,我就用"家校练习本"与她对话,说着只属于我们两人的秘密；她爱画画，与她姑姑商量后，给她报了西画培训班；她爱阅读，假期里，给她买了很多课外读物，并和她一起阅读，交流心得……

初二的第二个学期，她又主动承担了劳动委员一职。一天，我一大早走进教室便看到这样的场景：教室外阳台的拖把池堵塞了，脏水流了一地，而她正卷起袖子，徒手抠挖水管里的堵塞物，好像并未成功，她一脸着急。我立刻走过去："让老师来试试。"她起身退让到一旁，我蹲下身，试着去拆卸连接水池与下水管道的塑料管，我的披肩长发顿时散落到了满是污垢的水池里。这时，背后一双手，小心地、温柔地捋起了我的长发，我知道是她，没有回头，继续着手头的工作，但能感受到她的呼吸。我知道，此刻，我们的心已经无比贴近。

赢得了孩子的信任，获得了孩子的真心，她脸上的笑容也越来越多，成绩也日益进步。其实，我用这份真心对待着班里的每一个孩子。

毕业那年，我与孩子们都收获了累累硕果，而她也快乐地跨进了理想高中的大门。

班主任心语

一间教室能给孩子们带来什么，取决于教室桌椅之外的空白处流动着什么。这补白功劳最大的人往往是我们班主任,一间间教室就是我们的一亩亩责任田。

我们常常为了它的高产而殚精竭虑。但我一直深信帕克·帕尔默的一句话,教育所有的奥秘归于一点:教师与学生是否真正实现"爱的相遇"。从最初的自我介绍到班规的共同制定,从集体舆论的形成到班级文化的建设,从知识的传授到成长的陪伴……无一不是爱的相遇。

当"人之儿女"成为了"己之儿女",我们追求的教育效果也便成了水到渠成的结果。

贾红亚

湖州市第四中学教师,有十七年的班主任工作经历,2015年获浙江省中小学班主任基本功大赛一等奖。

做"眼里容得下沙子"的老师

熊传宝

2015年11月,在经历了一个月莫名的胸背疼痛、做了无数次血检和拍片检查之后,终于有医生向我解释了我病痛的来源:一种被称为"强直性脊柱炎"的疾病。医生告诉我,这种病没有特效药,将会伴随我的一生。我所能做的,就是积极治疗,认真康复,争取控制病情,让它不影响正常的生活和工作。

拿着诊断书回到办公室,迎接我的是学校的"卫生检查通知单"。又是公共场地的落叶没有打扫干净,这已经是这个月的第二次扣分了!而且又是这组值日生!我越想越气,恨不得马上冲进教室训他们一顿:"卫生都做不好,来读什么书?"

当天晚上,带着连日奔波的疲惫和班级管理不佳的挫败感,我在微信朋友圈中写下了这么一段文字:"就像我身体的病无法治愈,只能想办法与它共存一样,我们很多时候都无法彻底改变学生,最好的方式可能是去足够了解学生,并且找到最和谐的方式与其相处。"

"眼里要能容得下沙子",与问题共存,可能就是我想表达和思考的。

我渐渐选择了"理解"和"宽容"。

小徐的书写怎么也练不干净;小王总是踏着铃声进教室;小张速度特别慢,每天作业都来不及做完。怎么办?如果强硬些,可以说:"字写不好不要上我的课,不提早五分钟不能进教室,作业做完了再来上学。"有的学生可能真的可以就此改正,但是这中间学生和教师承受的痛苦,或者说这个"进步"的成本,有时候实在太高。不仅身心俱疲,而且教师的方式方法只要出现一点问题,给学生带来的则可能是心理的阴影和"口服心不服"的怨气。甚至有时候我在想,这些问题不改又怎么样,人不都有个高矮胖瘦,非得一刀齐吗?

值周的时候遇到过这么一个学生,因为没有佩戴校徽被我拦下。学生涨红了脸,拼命向我求情,说如果被班主任知道,会受到很严重的处罚。惊慌失措的表情现在想起来依旧生动。学生的一面之词未必可信,但是如果这是真的,我不禁想说,让我选择的话,我宁愿我的班级偶尔有一些过失,也不想用孩子们如此的担惊受怕来彰显严明的纪律。

我佩服有强大执行力的老师,用严格的班规把班级管理得井井有条;但我想当真正理解学生的老师,用真正的教学智慧处理学生偶然的过失,甚至顽固的积弊。宽容是另一种强大。

曾经有个学生，成绩不错，性格稍显内向。就在离高考还有一个月的时候，有一天他的作业满是涂鸦，不知所云。马上叫他过来了解情况，他倒也毫不避讳，直接说心情不好，然后要求我到操场上去和他说话。夜晚的操场一片漆黑，他倚着栏杆向我讲述了如何追求班里的某女生，如何被无情拒绝，又如何痛不欲生。听他说的时候，我的脑子里在飞速运转：我该拿他怎么办？

我选择了最温柔的方式，告诉他这就是爱，有的时候爱一个人就是要承受痛苦的。现在他所要做的，就是努力用毅力去克服这种痛苦。如果真的痛苦到了无法承受，无法集中注意力，欢迎他再来找我。果然，一星期之后，他又把我拉到了操场，重新述说了一遍他的痛苦。一星期之后，又来了一次，直到高考。揭榜那一天，我惊喜地发现他考了全班第一名，最后被中科大录取。我也庆幸那个时候没有大张旗鼓，"认真"处理这个"早恋问题"。

走出校门去办事，我不止一次听到过"老师最难弄"的评价。所谓的"难弄"，往积极了说，是说老师们作风严谨，对任何事都一丝不苟。但是有时候，我们是不是太过认真了一些，眼里容不下沙子，给人造成了一种刻薄的印象呢？

其实，对学生的宽容，又何尝不是对自己的宽恕呢？不知道谁喊出一句"没有教不好的孩子，只有不会教的老师"。于是乎，老师们纷纷视教室为战场，仿佛教室里一旦有什么问题，便是自己的无能。太多时候，老师们会抱怨"这孩子怎么也教不会"，仿佛做老师就一定要把每一个学生都教会。太多老师都活在这"教不会"的痛苦之中。

其实，这话没有错，不仅没有错，反而说出了我们老师使命之伟大，是对我们老师最好的褒奖。而现在这句话却成了压在很多老师心上的石头，给老师们带来了巨大的心理压力。

压力，源于对这句话的错误解读。我想这里的"老师"，不是指某一个老师，学生在成长道路上，需要很多老师在不同阶段的引领。这里的"没有教不好"也不是指老师应该把学生个个都培养得德才兼备，而是在某个具体的点上，比如某个小习惯的养成或者某个知识点的教授上，老师应该用教学智慧让学生有所收获。这么一想，是不是轻松了很多？

很多时候，我们老师都把自己当成医生，总是想药到病除，或者以为自己就得是英雄，走进教室就要惩恶扬善。但是我想，我们有时候也要学会做陪伴者和见证者，借用时下流行的一句话，"陪伴是最长情的告白"。

班主任心语

做老师，做班主任，专业技能固然很重要，但是经历得越多，学习得越多，越会发现其实所有的技巧都可以凝聚为一个字：爱！

热爱学生，热爱工作，热爱学校，你会发现即使有再多的烦琐也会变得有乐趣，即使面对再大的压力也会变得轻松。责任和使命不再是我们的负担，它们已经融入我们的每一堂课，每一次谈话，每天的微笑和严厉，每天的叮咛和注视。这种发自内心的爱，应该像空气一样，触摸不到，却又无处不在。

焦传宝

任教于宁波市镇海中学，镇海区首届新秀班主任，2012年担任班主任至今。

做"讲道理"的班主任

熊传宝

去年高考前夕，团委老师向我告状说，想从我们班征调几名志愿者，在高考期间为考生指路，为家长服务，但结果让她很郁闷。很光荣的任务，本来以为学生们会欣然接受，而我们班不仅没有人报名，甚至还有人喊："学校又剥削我们，想让我们做免费劳动力！"

我马上把团支书找来了解情况，也问了几名学生事情的经过。一番调查之后，我明白了问题所在。原来团支书在传达任务的时候，只向同学们说了学校有个任务，要让我们班承担。因时间比较紧，害怕人手不够，团支书还"威逼利诱"地说，志愿者服务时间不够是不能评"三好学生"的。

问题在于：他只说了学校要让我们做什么，而没有说为什么要做这个事情。

我马上赶到教室，又做了一番动员。我说："两年后，我们也要踏上高考的征程，也要接受别人的志愿服务，志愿的精神如果断在我们这届同学手上,多么可惜;高考的氛围,不是每个人都有机会来体验的,能提早两年感受是多么幸运;能在全国关注的高考中扮演一个小角色,展现我校学子的素质,多么光荣!志愿者服务有考核,学校考虑到我们班有很多同学长期留宿,没有时间参加校外的志愿者服务,所以把这次机会给我们班,这其实是对我们班的'照顾'。"

解决了这个问题,我又抓住机会针对"免费劳动力"的说法做了批评:"有的同学,让他承担一点点责任,就觉得自己被剥削了,被压榨了,殊不知这其实是他的分内之事。比如,自己的教室、寝室卫生难道还要请家政人员来做吗?新发的课本不自己搬还要请搬运工送到教室吗?"

把背后的道理讲清楚之后,报名情况大有改观,学校的任务也顺利完成了。

但是回到办公室,我也在反思,作为班主任,是不是很多时候也像我们班的团支书一样,把很多事情当成理所当然的,而忽略了背后的意义,导致学生们的不理解,从而出现教育反作用的现象呢?

几年前,我还是一名初上讲台的新教师,还没有做班主任。有一天下课,我还没来得及走出教室,班主任就带着微笑走了进来:"同学们,告诉大家一个好消息,合唱比赛的日期定在一个月之后。我们平时学习很辛苦,唱唱歌调剂一下挺好的。这次我争取去联系一位有经验的音乐老师，带大家好好练练，也提高一下音乐素养。大家一起排练演出，以后想起来会是高中生涯最珍贵的回忆。"说实话，听她这么一说，我都有点想加入他们班的合唱队了。试想一下，如果班主任"威严"地来一句："要合唱比赛了，都好好练，不许偷懒，排练不许迟到！"效果会怎么样？

同样的道理，为什么要佩戴校徽？为什么不能迟到？为什么要做广播体操？为什么自习课不能讲话，不能随意走动？为什么作业要按时完成，认真订正？……

这些问题，在我们老师的眼里可能已经是宇宙真理般的存在，但是在学生的心里却未必。可能很多学生只是知道要这么做，而不知道为什么要这么做。在不讲清道理的情况下，一味地要求学生来执行，反而会激起学生的逆反心理。

接到学校的任务之后，做任何有关学生的决定之前，班主任应多问自己几个为什么，如此才能在传达信息的同时，把学校和其他教师的用意说清楚。这同时也是对班主任工作的促进，如果班主任连自己都说服不了，又怎么去说服学生呢？

怎么样用简练而有"煽动性"的语言去发动学生，考验着班主任的语言艺术。不管怎样，"讲道理"的能力应该是班主任必备的素质。

熊传宝

任教于宁波市镇海中学,镇海区首届新秀班主任,2012年担任班主任至今。

第七辑　合伙人的意义

在我们哀叹家长为"猪队友"时,是否会想一想,教育合伙人,存在的真正意义是什么?

他们说,是团结一切力量,呵护着,引导着,进而放手让孩子们学会自己前行。

带着家委会去家访

张 媛

又要家访了,我思考着这么几个问题:我可以带给被访的家长哪些更有意义的东西?怎样将我每次家访的收获分享给更多的家长呢?如何更有效地达成家访的目的?

基于这样的一番思索,我决定从家访的形式和内容上进行改进。这不,家访队伍除了我和搭班老师,还多了几个身影——班级家委会的成员(以下简称"家委")。

一、前沿教育早知道

家委会中有一位家委特别重视孩子教育问题,只要有教育专家的讲座,她都会去学习。因此,她可以将前沿教育信息分享给班级中学有余力、需要培优的孩子家长。

小洪在班级里学习特别自觉。完成了老师布置的功课后,他有时候会拿起书本津津有味地读书,有时候会安静地和同学下棋。但是小洪在英语的学习上，因为口语不好，上课不怎么发言；因为好静少动，体育成绩也不理想，身体锻炼上需要加强。

我们决定，第一站就去小洪家里看一看。到了小洪家，我和家委们刚刚落座，小洪妈妈就迫不及待地针对小洪出现的问题开始"取经"。

我将家委黄妈妈推上前来，说："这类问题都由她来解答，她专注于了解孩子的教育、生活信息，对于您提出的问题，她更有发言权。"黄妈妈耐心地一一回答小洪妈妈的问题，大家聊得非常轻松开心。

二、取长补短共收获

家委们参与家访交流的过程中，不仅被访的家长能得到收获，家委们也能够及时自我评价、自我反省、自我批评、自我调控和自我教育。

家委王妈妈在家庭辅导上特别有心得。小王曾经在班级中比较调皮，学习行为习惯不是很好，上课时注意力集中的时间比较短。而现在，小王却有了很大的飞跃。王妈妈说，孩子注意力不容易集中，她就从让孩子做力所能及的家务开始，鼓励孩子专注完成任务，培养孩子的专注力和责任感。小王每天和妈妈一起做家务，不仅亲情加深了，学习也更加自觉了。

被访对象小陆学习能力不弱，就是自我约束能力比较弱，和家长沟通也不畅。久而久之，孩子不愿意和家长说心里话，还经常躲着家长。陆爸爸为此很烦恼，却一直找不到解决的方法。

家访时，我们刚一落座，陆爸爸就倒"苦水"。我笑着推出王妈妈，让王妈妈为他讲讲自己的做法。王妈妈向陆爸爸介绍了自己在家中对小王的教育方法，又建议陆爸爸平时多带孩子参加如爬山、打球等户外运动，在锻炼的同时和孩子聊天，在放松、平等的状态下，孩子更容易接受家人的教导。陆爸爸听了连连点头。

三、督促引领劲更足

个别家长与老师进行交流，总会有一些保留。而面对同班孩子的家长，家长与家长之间是平等交流的，观点、角度也更加一致，对话起来更加有效。对于班级中被老师约谈了几次还没有见行动的家长，我决定让家委们对他们进行教育理念上的引领。

小张在班级里年龄算是较小的，爸爸妈妈都是做物业工作，非常忙。平时小张的作业不按时完成，他的爸爸妈妈也不知道。我和家委们去小张家家访，他的爸爸却在工作岗位上抽不出身来。我们就去了张爸爸的办公室。在张爸爸的物业办公室里，家委们和张爸爸聊起了孩子的假期生活。当家委们知道小张整个假期都在家里待着，除了看电视就是打电脑游戏时，就对张爸爸进行劝导。起初，张爸爸听了家委们的话，还以自己工作忙为理由开脱。但是家委们你一言我一语，用自己的教育理念和做法对张爸爸"现身说法"，张爸爸也愧疚起来，表示将会多多关注孩子的成长。黄妈妈立刻向他推荐了孩子可以参加的兴趣培养班，王妈妈向他推荐了一些家庭亲子小游戏……从张爸爸恳切的感谢中，明显感到家委们的话，他记在了心里，完全没有了老师找他约谈时的难为情。

从"萌动"到"行动"，带着家委去家访，在家访的过程中，老师退于幕后，让家长与家长之间交流家庭教育的理念和方法，让他们在彼此"现身说法"的互助之中取长补短，触动的是家长的心灵，获益的将是我们的孩子。

班主任心语

班主任工作是一个充满爱心的工作。要俯下身子，用孩子的视角与他们交流，用爱来浇灌孩子的心田。

班主任工作是一个要有耐心的工作。对于不同发展阶段的孩子，班主任要有足够的耐心，等等，再等等，静静陪伴，等待花开。

班主任工作是一个细致入微的工作。每个班主任都要有火眼金睛，不仅关注孩子外在的表现和发展，更关注孩子内心的建设和成长。

班主任工作是一个有担当有责任的工作。每个孩子背后都是一个家庭，老师的工作要对得起孩子，对得起他们的家庭。当一个班主任不难，难的是做一个处处用心，事事留心，能时时站在孩子角度思考的班主任。

有爱心、耐心、细心、责任心，这就是我作为班主任奋斗的目标！

张　媛

杭州市文海实验学校班主任。杭州市滨江区教坛新秀、优秀教师。公开课"我们分享 我们互助"入选教育部"一师一优课、一课一名师"活动。2015年被评为滨江区"十佳"辅导员。所带班级多次获得区优秀班集体称号。

聆听成长的声音

王 姬

一般来说，学生都不愿意班主任往自己家里打电话。他们知道，班主任打电话基本就是告状，回家迎接他们的也总是"今夜有暴风雪"。我刚当班主任的时候，这种告状电话可没少打，多是对家长没有管教好孩子的埋怨。常常是家长在电话里唯唯诺诺，我在电话这头居高临下。打完电话后，学生家里"鸡飞狗跳"，上演全武行。周而复始，次数一多，家长怕接我的电话，学生对我一出事情就找家长的做法也很不满。

这样一来，我失去了最重要的盟友——家长，同时和学生的关系日趋紧张，形势岌岌可危。

其实换个角度来看问题，哪个家长不希望听到别人，尤其是老师对自己孩子的表扬？像我们职高的学生，从小学到初中，因为学习成绩差、行为习惯差，从老师那里受到的表扬少之又少，听到的多是告状、批评，估计听得都已经麻木了。不少家长对孩子的教育简单粗暴，打、骂、唠叨是"老三样"。

对于日渐长大，处于青春叛逆期的孩子来说，这"老三样"已经没有什么教育效果。以前的孩子犯了错误，家长打他、骂他，他会老实几天。现在的孩子就不一样了，家长嗓门一大，他很可能嗓门更大，弄不好还离家出走。到那个时候，家长和老师都很被动。

有一次去观摩公开课，其中一个小细节我记忆犹新。在需要学生回答问题的时候，那位女教师总是弯下腰，把话筒递到学生面前。当老师躬下身请学生回答时，我不知道还有怎样的学生会拒绝！当老师帮学生拿着话筒，带着赏识的目光，微笑着倾听时，我在学生的脸上分明看到了幸福！

我开始学着把自己居高临下的姿态放低，学会倾听，学会用欣赏的眼光去发掘学生身上的闪光点，试着走入学生的内心世界，聆听他们成长的声音。

我也学着善待学生的每一次表达，耐心听学生把问题说完，细心收藏他们的点滴进步。这份情感、这份态度开始慢慢地感染学生，无声地传递着我对他们的爱。师生之间的障碍与隔阂开始破冰消融。学生愿意向我敞开心扉，诉说他们的心事。我也会通过QQ、博客和学生交流自己对于人生、情感的一些小感悟。有一次在外地开会的时候遇到一位同行，她说："做你的学生肯定很幸福！"我一开始不解她为何有这样的感叹，细问之下得知，她经常看我的博客和QQ空间，看到学生和我的文字交流，有感于我们之间融洽和谐的关系才发出这样的感慨。

现在，我的学生特别喜欢看我给他们写的评语，觉得我写的评语特别传神，把名字隐去在班级里面一念，大家马上就能猜出是谁。所以一到写评语的时间，尤其是几个调皮的学生，就候在一边，数数我给他写了几条优点。有时候他们都不好意思地说："老师，你怎么记性这么好，我干过的鸡毛蒜皮大的好事你都记得这么清楚！"我很少直接写缺点，如果有不足，那就化作期望，期望他在接下来的时间里能够将不足变成另一条优点。

现在我和家长交流，不再是"无事不登三宝殿"。更多的时候，是打个电话过去，向家长汇报一下最近孩子的进步、取得的成绩。虽然我没有看到电话那头家长的表情，但是通过声音，我想家长们脸上肯定是掩藏不住的笑意和欣慰。

以前家长会前夕，总能接到不少家长的请假电话。也许"忙"只是借口，更多的是不愿在家长会上被班主任"讨伐"，或者对自己的孩子不抱什么希望，觉得来不来都无所谓。家长会不应该是教师的诉苦大会、学生的噩梦大会。于是，我和学生们经过精心的策划，将家长会变成才艺、技能、成绩展示会。现在，每次家长会教室里面都坐得满满的。家长们摸着孩子们加工的精美工艺品，欣赏着孩子们创作编排的诗歌朗诵，看着孩子们用电脑制作的感恩卡……掌声一直没有断过。轮到我这个班主任发言的时候，我不需要再刻意地去表扬什么、赞美什么，因为学生们已经用他们的表现证明：他们是最棒的！

班主任心语

我们职业学校老师最大的幸福是什么？是有多少学生考上名牌大学，还是学生的考试成绩比别人高出一大截？不，这些都不是。

当一个不爱学的孩子把低下的头抬起来开始认真听课，当一个似乎无可救药的孩子在自己的努力下脱胎换骨，当不少孩子改正了不良习惯慢慢变得优秀，我们职业学校老师会感到莫大的幸福。

我只想要一滴水，孩子们却给了我整片海洋。这种爱与爱的交融，让我感觉做职业学校老师，和我的学生一起成长，是我能想到的最幸福的事情。

王 姬

宁波市职业技术教育中心学校教师，浙江省"万人计划"教学名师，浙江省正高级教师（专技三级）、特级教师，曾获浙江省师德先进个人称号，获宁波市"甬城英才"教育名师奖。曾被评为宁波市"十佳"班主任、全国优秀科技辅导教师，是全国职业院校技能大赛"金牌教练"。主持浙江省王姬名师工作室，在机械创新、班主任德育领域中具有广泛影响力。

暑假家访的妙处与妙招

贾如松

网上有一戏言：不怕同学是"学霸"，就怕"学霸"过暑假。

我对这句话的理解是，榜样的力量无穷，在学校时有不懂的问题可以向他们及时请教。然而暑假就不一样了，有些学生依然努力学习，而有些学生缺乏自我管理能力，生活松散甚至颓废。

因而，今年暑假前最后一节课和家长会上，我发出倡议："暑假，一起学习吧！"由此生成了两项暑假特别任务：其一，制定暑假每周学习报告制度，学生每周六上交学习报告，教师及时批阅、反馈；其二，就是家访。

去年暑假，我进行了"一个都不少"的逐户家访，对学生们的家庭情况有了充分了解。家访对我这一年来的家校沟通和与学生的情感交流起到了非常重要的作用。而今年暑假结束，学生们就要进入高三，11月面临的就是"七选三"的首次选考和英语首次高考。我感觉到,学生们有压力但动力不足,家长们有动力但是普遍无能为力。于是,家访形式的改变迫在眉睫。

我设计了"集体学习"的家访形式,即确定一个主访学生,然后以主访学生家为根据地,其他学生报名参加,大家在主访学生家里进行为期一天的集体学习,班主任全程陪伴。具体程序如下。

一、精心策划,确定根据地

首先让学生和家长根据自身和家庭的情况进行主访报名,然后确定主访学生家庭及其可容纳学习人数,再让其他学生和家长根据地域、同学关系、学习层次等因素报名。7月10日,主访学生确定,集体学习的"根据地"建立起来了。

二、细心组织,招兵买马

及时把主访学生的相关信息发布到班级群里,然后让学生们在7月13日之前报名,此谓招兵买马。根据报名情况,本次暑假集体学习分三波进行,第一波在7月中旬(7月15日至19日),第二波在7月下旬(7月25日至27日),第三波在8月上旬（8月6日至15日）。集体学习共分为7个小组，小组成员最少的4人，最多的7人，共39位学生参加，覆盖率达87%。

三、潜心准备，做有意义的家访

本次家访采取的是集体学习的方式，其目的有四：其一，创造合作学习环境，提高学习效率；其二，合理有序安排，增强家访实效性；其三，展示优秀学生学习力，发挥榜样的力量；其四，通过个别谈心，指导暑假时间利用与规划。由此，每一次的集体学习，都有方案：作业检查—讨论答疑—自由作业—单独谈心。90分钟的作业检查时间里，我会对每位学生的作业数量和质量进行量化统计备案，并结合上交的每周学习报告，准备后续的单独谈心工作。而学生们则在做我（化学教师）带去的一份化学试卷。为此，每次集体学习的前一天，我都要精心准备一份适合这些学生的化学试卷。测试结束后，学生核对答案、批改、交流与讨论。我会对一些重难点问题进行讲解、答疑和拓展。下午1:00~4:00为学生自由作业时间，其间我会和每位学生进行个别交流，对作业情况、暑假时间利用情况，以及学生个人情绪、情感调节等方面进行综合指导。

四、走心家访，全面备战高三

7次集体学习，每次从上午8：30开始到下午4：00结束。为了让学生不虚度这一天，我的家访也非常走心。走心之一，家访前两天，我会利用微信、QQ等社交软件，将主访学生家庭地址和活动安排表分发给参与本次集体学习的学生和家长；走心之二，每次集体学习，我都会认真检查每位学生的作业，并针对暑假学习的有效性进行指导并提出建议；走心之三，集体学习的每个环节，我都会用手机拍照记录并上传到学生QQ群和家长微信群，营造浓厚的学习氛围；走心之四，有6名学生因各种原因不能参加集体学习，我就安排了合适的时间进行单独家访，对这些学生进行同样的学习指导，这让学生及家长感动不已。

五、爱心反馈，让家访更有温度

集体家访也好，单独走访也好，反馈是非常重要的。这里涉及三方反馈，包括家长对孩子、教师对孩子、孩子对学习。反馈不单单发生在家访过程中，更多发生在微信或者电话的交流中。不少家长反馈说孩子在家访后学习进步较大，归功于教师在家访过程中对孩子的启发与指导。而我认为，这就是孩子

"可教"的一面，但是也许好景不长，所以指导家长在平时与孩子交流过程中能够发现孩子的优点或者好的变化，并及时表扬和鼓励，这才是长久之计。这种源自对孩子的爱的家校间反馈，使得家访变得更有温度。

班主任心语

如果说教育学是迷恋他人成长的学问，那么班主任则是迷恋每个孩子成长的那个人。

利用情境，创设情境，通过系列的班级活动，引导孩子们学会做人，学会做事。做人时，问心无愧，尽自己最大的努力让自己和周围的人愉悦；做事时，专注投入，尽自己最大的努力达到能力范围内的最好。

激发孩子们内心的一股力量——"向上的力量"，并希望这"向上的力量"是孩子们奋斗向前时的源泉，随波逐流时的警钟，失败沮丧时的推力。

贾如秋

化学高级教师，龙游县第二高级中学班主任，龙游县教育先进个人，龙游县师德楷模。

我的那些"教育合伙人"

郑友民

在陪伴学生之路上,我从来不孤单,只要善于借力,总能找到共同服务学生成长的合伙人。

曾经的学生

首先,接带新班,让"旧爱"欢迎"新欢"。每年8月初,在为期半个月左右的班主任家访活动前,就有人捷足先登联系我的新学生了。他们都是刚毕业的学生。这些学哥学姐,通过电话、邮件、QQ、微信及见面等诸多形式欢迎学弟学妹来到我的班级。初高中学习方法的差异、学校寝室生活的注意事项、开学前的准备工作、班主任的带班风格等,都是这些"指路英雄"和新生交流的热门话题。

其次,始业教育,让班级文化实现传承。"亲爱的友民的孩子们,很高兴能为你们做些什么……"开学报到的那一天,每位新生都会从学哥学姐手中接过一封热情洋溢的欢迎加盟书信。而在这之后长达一周的军训始业教育期间，学哥学姐们的工作也有条不紊地开展。诸如班干部、课代表、寝室长的竞选和培训，班规、班歌、班徽、班旗的征集，每日军训照片的拍摄与分享，学哥学姐们都指导得非常到位。还有精心策划的两次面向全班同学的学长报告会，分享高中学业规划、社团选择、学生组织加盟、学习经验等方面的得失与体会，以及探讨"建设一个什么样的班级和怎样建设一个好班级"。

最后，学长与新生结对，让沟通跨越时空界限。当9月1日正式开学之后，学哥学姐陆陆续续离家去上大学，但他们继续通过电话、书信、网络等渠道，为结对的高一新生提供心理咨询、难题解答等，彼此之间还常传递问候和祝福。

任课教师和家长

任课教师，是班级和谐最好的润滑剂。记得我女儿曾经很纳闷：为什么表扬许歌姐姐数学进步的，不是教她数学的柴老师，而是教语文的李老师？与吴姐姐交流英语学习心得的不是英语老师而是历史老师？这可是我很有效的一招。当时我们班里有一个粉丝团叫"向日葵部落"，成员都是语文老师李向阳的忠实粉丝。这部分同学，无论是需要鼓励，还是需要鞭策，只要李老师一出手，效果不知道比我这个班主任去做工作好多少。同样，当吴同学在"半月谈"里谈到她最欣赏的老师是历史老师时，我立刻邀请英语也顶呱呱的历史老师宋老师去激励"英语是个大难题"的吴同学学习英语。让我庆幸的是，每带一个班级，都有那么一批深受学生喜爱的"明星式"老师，协助我陪伴好班里的学生。

家长，是学生成长最真诚的同盟军。你听说过"家长督学"吗？这可是我的原创。每周，我轮流邀请家长来校做"督学"，寻找亮点多鼓励，发现不足提建议。每月，我举行"和孩子一起过一天校园生活"的活动，让家长们看到自己孩子原汁原味的校园生活，增进亲子关系。每月，我主持召开跨越时空的"家教故事会"，通过微信平台，家长影响家长，家长帮助家长，在相互交流的过程中共同成长。接下去，我准备借助家长的力量，组织开展学生的"周末学习小组"活动、家长"当一天班主任"活动、家长"讲述我的成长故事"活动等，不断开发家长资源。而以往的校友寻访、职业体验、社会实践、徒步毅行等校外活动，背后都少不了家长们的付出。

初中班主任

初中班主任，是我的高中学生们砥砺前行的推进剂。向初中班主任了解学生情况是我经常使用的一招。每次新带高一班级，我都会要求学生把自己初中班主任的姓名和联系方式填在信息表中。暑假里家访的时候，除了通过和家长及学生本人的接触来了解新生之外，我经常做的事情是打电话给新生在初三时的班主任，了解该同学初中三年的各方面表现，以便于开学工作的顺利进行。

升入高中，学生思想上可能会发生各种各样的变化。有的认为高一该好好休息一下，而失去了往日的斗志；有的因为面临更激烈的竞争而动摇了往日的自信……如何让这些曾经的佼佼者恢复斗志、重拾信心？我就和学生们商量，每学期结束时，会把学生素质报告单寄一份给父母，另一份给初中班主任。这也算是将学生在高中阶段的经历分享给初中班主任。这一招真是管用，学生们明显变得积极主动、勤奋进取。不仅如此，外出开会时，只要遇到学生的初中班主任，我都会请他们对昔日弟子说上几句。一个视频，或一条短信，抑或写在纸上的一段话，都是对学生一种暖心的关怀和激励。

到高三"十八岁成人仪式"时，我布置给所有家长的一个秘密任务就是请孩子的初中班主任写封信给他三年前的学生，作为成人仪式上送给孩子的神秘礼物。大部分学生看后都哭了。这批早已厌倦了父母和老师唠叨的孩子，无不重拾信心，奋勇前行！

校工甚至外校学生

后勤员工，是学生们前行路上无声的陪伴者。"我在楼梯上摔倒，你们班帮我冲洗厕所，开自来水开关，开灯、关灯，还有些孩子为我做了很多千纸鹤，还有的孩子担心我孤独，对我说：'阿姨，你不要难过，我们都是你的孩子。'这让我心里有一种说不出的感动和温暖。"这是被学生们称为"荣仙阿姨"的楼管员在年级集会上对学生们的褒扬。所有的身边"他人"，都会被我千方百计请来讲述他们眼里的学生故事，成为我激励学生的宝贵资源。无论是食堂大妈、校园保安、寝管大爷、图书馆大叔、打字室阿姨，还是实验室老师、小店售货员，他们全都是我鼓励一届又一届学生的可靠朋友。

每次我到外校去做讲座，会后总喜欢邀请一位外校的优秀学子来到自己的班级学习、生活一周。几乎每年，我都要邀请石梁中学初三学生周五来到我班过周末，和高中生一起晚读、晚自修，一起就寝、晨跑、早自修，抱着书本一起走进学校图书馆，遨游在书海或者题海中。邀请外校学生来体验，更大的意义在于，借助外校学生的体验来进一步提升班级的学风。当一位学生、一个班级、一所学校，成为别人学习、观摩的对象的时候，他们会感受到这是一种信任、一份荣誉，也是一种使命。这将激励我的学生做得更好!

班主任心语

每带一届学生,就好比谈了一场恋爱,无论是我还是学生,初始都充满期待,期待让自己生活在一个令他人羡慕的家庭中。然而,随着相处的深入,当真实的你我出现在对方面前的时候,却发现彼此有那么多的不合,感觉对方并不是自己理想中的那个恋人。于是,我们闹过别扭,想过分手。但是,日子还是要过啊!想想,也只能凑合着过。于是,我们选择了相互包容,相互欣赏,相互成就,时间久了,日久生情。当他们毕业了,才发现,彼此留下的尽是不舍和感动。而那个暑假,往往是我情感最为脆弱的时候,每每想起三年来的点点滴滴,就会泪流满面。

郑友民

全国优秀教师,全国中小学优秀德育课教师,浙江省政协委员。先后在衢州第二中学、衢州高级中学等校任班主任二十四年,曾有五年担任两个班的班主任。专著《有意义,有意思——一位班主任父亲的教育札记》。

第八辑　放手，因为无法替代

敢于放手，懂得放手，需要教育的智慧和大情怀。即便一路上，孩子们有着这样那样的磕磕碰碰、状况百出。

他们会说，"试试看，说不定可以"；会说，"谁也无法替代孩子的成长，我们需要做的是唤醒孩子心中的那个巨人"。

班级事，轮流做

许丹红

班级，是一个温暖的集体，是润泽心灵的场，不应该只成为某个优秀学生或某些优秀学生的舞台。每一位学生都是班级的主人，都有为班级服务的权利和义务。

进入二年级，我在班里进行了一些改革。

盛饭菜，轮流做

盛饭菜的活儿，不再独属一年级时6位动手能力强的学生了。以往，他们一个个每天辛苦地为班级付出，夏天汗珠子滴答滴答地顺着脸颊往下落，冬天手指冻得发红不说，还常常吃冷饭。一些从没做过这件事情的学生，总觉得同学给他盛的饭菜多了或少了，有的还会去家长面前投诉。说到底，是因为他们从来没体验过这一份工作的艰辛，没感觉到要从一个大锅里把菜分均匀是一件艰难的事情。

二年级了,小学生活基本都适应了,动手能力也应该具备。我便开始让每一位学生为班级做义工。盛饭菜,按学号轮流。每一周我共安排3位学生为班级服务,分别负责盛饭、盛菜、盛汤,一轮就是一周。瞧,有的学生笨手笨脚,在家从不做什么家务事,拿着勺子,不知道如何下手,总是不小心把饭盛到外面。每一个周一,都是我精心指导轮值的学生如何拿大勺、盛饭菜的日子。

一周下来,学生们从不会到会,体验到为同学服务的艰辛,更体验到付出劳动后的喜悦。一轮下来,再也没有投诉分饭菜多了少了的现象了。

学生们一开始往往双手笨拙,常有饭菜掉到走廊上,时而还会冒着被红领巾监督岗扣分的危险,但我觉得还是值得。因为他们的动手能力、班级责任感都增强了。

擦黑板,轮流做

现在教室的黑板是磁性黑板,平时擦黑板也很少用黑板擦,而改用一块抹布。但是,粉笔字飘出来的粉尘,还是对擦黑板学生的肺部有点伤害。

为了让这一伤害降到最低,我在自己能擦的时候尽量自己擦掉,但也有我顾不上的时间段。

于是，学生每天按照学号轮流擦黑板，也成为我们班的独有现象。我让一位学生负责擦黑板情况的检查和记录，每天把擦黑板学生的学号写在黑板的一隅，让大家都能醒目地看到。一天一轮流，擦黑板还有10分制的打分，分数扣得多的学生，第二天将继续擦，直到能得到9分及以上为止。每周一评比，一月一评比，学期结束再评比，擦得好的学生，将以他的名字命名黑板。多光荣呀！

眼操员，轮流做

拥有一双明亮有神的眼睛，是多么幸福的一件事情。但小学生自我约束能力弱，意识不到认真做眼操会对保护视力有帮助，往往会悄悄地睁个眼，或不跟着节拍乱做。

于是，我们班级的眼操员诞生了，职责是督促、提醒同学认真做眼操。当然，我也希望天天是那些自我约束能力强、能干的小干部担任眼操员，多省心啊！但是，那些学生不就少做了许多次眼操吗？他们的眼睛保护不是受到影响了吗？

还是用轮流的办法吧。一天一轮流，每次安排一男一女两位眼操员，合作管理。在小学，女生的管理能力和自我约束能力往往比男生的强，男女生搭档管理，轻松解决管不住现象。当然，若按学号轮流也会遇到自控能力弱的男生和比较内向的女生搭配，临时做个调整，也未尝不可。

班级事，轮流做。学生们在为班级付出汗水的过程中体验辛劳，增强班级责任感和主人翁意识。这是我班，我爱班级，为班努力，人人有责。

班主任心语

每带一个班级，创建深厚的班级文化，取班名、做班徽，融合班级特有的元素，浸润学生的身心；开展精彩的班级活动，道德馆吟诗迎新，班级同学十周岁庆典，男生、女生节庆典等活动别出心裁；进行高效的班务机制建设，全面提升男生的自我建设能力，培养小干部机制，设立卫生悬赏分激励制，让烦琐的班务富有情趣；开展纯真的鼓励艺术，晨诵送诗、送信、评语送诗、女生如花、男生如树等班级课程开发，让班级弥漫浓浓的诗意；用真诚的转化艺术去感染孩子，用心用智慧去转化孩子，追踪"问题"生；乐于与家长沟通，利用写信、做微讲座、开针对性学习会、评选最佳父母等多种形式，充分调动家长的积极性，提升家庭教育素养……让每一位孩子在富有真情的教室里遇见最好的自己、最美的童年！

许丹红

桐乡市实验小学教育集团北港小学班主任，浙江省德育特级教师，正高级教师。曾被评为全国优秀教师、全国中小学优秀德育工作者、浙江省"十佳"智慧班主任。荣获浙江省第二十一届春蚕奖、浙江省中小学班主任基本功五项全能一等奖。

让学生做教育的主人

郑友民

如果我问学生：坐在下面听老师讲与自己上台讲给别人听，哪种方式让自己印象更深刻？师长们灌输与同学们彼此分享，哪种方式更受欢迎？

凭我二十多年摸爬滚打的班主任经历来揣测，我相信学生的答案应该都是后者。

把成就感还给学生

班会课上，把成就感还给学生。

自我担任班主任伊始，班会课一般都是"本人包打天下，学生叫苦连天"的一节课。为什么呢？因为他们主要是在接受我的训斥和说教：寝室卫生、自修纪律、作业态度、测验成绩……每一项都可以成为我喋喋不休教育学生的理由，我甚至为自己的所谓"口才"而沾沾自喜。

2009年开始，我学会了为学生搭建平台，自己退居幕后。由此带来的，是学生对每周班会课的期待。这是和小组轮流合作管理班级相配套的举措。每周的班级管理小组，在组长的协调下，周末精心准备下周一的班队活动。这个班队活动，既有"规定动作"，也有"自选动作"，全程由该组包干，前提是每位组员都要上台亮相。

基本流程是，首先是组长的班情总结，对上一周班级各方面表现进行总结汇报，发现亮点，同时指出不足，提出整改意见。其次是组内某位成员为大家带来的"好歌赏唱"，要么为大家献上自己所喜欢的歌曲，要么为全班推荐旋律优美的歌曲，要么组织同学一起学唱一首好歌。那些美好的旋律、动听的音符，总会给人以求真向善、催人奋进的力量。第三位出场的组员，上台推荐一本好书或一篇美文。在分享好书或美文的时候，他还要为大家介绍文章的作者、写作的背景以及他本人的读后感。第四位组员主持的是"一周感动人物"活动。这个环节，无论是颁奖词的撰写还是宣读，都吸引了很多学生来参与。活动中不断涌现优秀的颁奖词作品，不乏幽默风趣的片段，带给同学们极大的精神享受。接下去，是"一周班级掠影"：学生用自带的相机拍下一周以来班级暖心的细节和故事，并呈现出来。

以上都是"规定动作"，除此之外，各个组可以结合自己的实际,为大家提供特色活动;有些会为大家推荐一些大学或自己所关注的专业;有些则带来才艺表演;有些会把《我是演说家》《中国好声音》等电视节目搬到教室里来……一学期下来,每位学生有两到三次站在讲台上与同学分享的机会。而我发现,从无微不至到"无为而治",做个站在旁边鼓掌的班主任,既解放了自己,又锻炼了学生,何乐而不为?

把责任感还给学生

犯错了,把责任感还给学生。

让犯错学生写说明书是班主任的一大撒手锏,从小学到高中莫不过如此。殊不知这种方式对那些经常犯错的学生来说已是家常便饭。有些教师甚至把学生的说明书按序号编排,好像给学生建立了一个"错误"档案,以便日后采取更严厉的措施加以惩罚。但写说明书到底有多少教育意义,其实值得我们反思。

我班曾有一个男生寝室自从10月份运动会后几乎天天开"卧谈会"到深更半夜,次日白天昏昏欲睡,随之而来的是期中考试成绩一落千丈。得知此事,我火冒三丈,深感脸上无光。当时,我很想好好地教训他们一顿。但冷静下来后,我布置给这个寝室每位学生一个任务,让他们以第三者的身份给自己写封信，和自己进行真诚的对话和交流。原以为要受重罚的他们，没想到我的棒子高高举起之后却轻轻落了下来，一颗悬着的心也就放了下来。事后，我发现这种方式非常管用，达到了让学生自我反省、自我教育的目的。就如陶行知先生所说的："最好的教育是教学生自己做自己的先生。"毕竟，惩罚的目的不是让学生蒙羞，而是培养他们勇于担当的责任意识。

把点赞权还给学生

做对了，把点赞权还给学生。

"人性深处最大的欲望，莫过于受到外界的认可与赞美。"如今的我，更倾向于用正面引导的方式开展班级建设。像开学初的"点赞他人，温暖你我"活动，每位学生每天都要点赞身边的同学，要求真人真事、真情真诚。而我每天要做的，只是找个时间把这些温暖的鼓励分享给全班，让正能量在班内传播。

到了这个学期，我们的每天点赞改为一周点赞，一直继续着。而我每天欣赏的，则是每一位学生的"每天点赞自己"。我们倡导，不仅要以欣赏的眼光去看待他人，更要用悦纳的态度去发现自己身上的闪光点和进步。每天批阅学生们对自己的肯定，用这样的方式陪伴、激励他们挑战自己、勇于突破。

学生成长，教师无法代替，但教师可以尽可能为他们搭建自我展示、自我教育的平台，从而实现学生的自我成长，成为教育的主人。

郑友民

全国优秀教师，全国中小学优秀德育课教师，浙江省政协委员。先后在衢州第二中学、衢州高级中学等校任班主任二十四年，曾有五年担任两个班的班主任。专著《有意义，有意思——一位班主任父亲的教育札记》。

试试看，说不定可以

周 岚

试试看，我常对学生这么说。万事皆有可能，关键是你愿不愿意迈出这一步。只要方向正确，就可以试试看，说不定可以。错了也没关系，可以从头再来。

班级里能不能没有垃圾桶？

高二的时候，我们班搬到了综合楼三楼，而垃圾屋却在教学楼一楼的拐角处。开学第一天大扫除，轮到倒垃圾的学生叫苦不迭。我和同学们建议，班级里能不能不要垃圾桶。学生们刚开始感到很不可思议。但是我和学生强调，垃圾桶不是卫生的保障，有的时候可能因为垃圾桶的存在而产生一种卫生习惯上的懈怠。真正的卫生是时时刻刻保持清洁。学生有质疑，我说试试看，说不定能行！这一试就是一年。

刚开始，有的学生自己做了一个小垃圾桶粘在课桌旁边，课后自己把垃圾带回去。慢慢地，学生开始减少垃圾的产生。班级值日生的工作量也越来越轻，我们班级的卫生分不仅没有下降，而且还名列前茅，基本上是满分。

班级里能不能不要班会费？

高二第三学期分流后，我把班会费结余全部退给了学生。学生问新的班级收多少班会费，我说，今年不收班会费。学生一听就愣住了。班级没有班会费，班容班貌布置怎么办？班级活动组织怎么办？我还是那句老话："试试看！"

虽然没有班会费，但是我们班在班容班貌布置和各类集体活动组织上是不遗余力的。学生开始想到就地取材、废物利用以及专业借力等各种各样的方法。如班容班貌布置方面，擅长书法的学生自己做剪字贴以及德育百分制等各种墙贴，没有像以前那样找印刷店来制作；班级的图书角是学生从校园角落里找来一个废弃的花架改造而成的，图书是热心的同学捐献的；有的学生异想天开培植了绿豆芽，成了宿舍里一道别具一格的绿植风景；还有的学生联系工美班的同学给自己画寝室粘贴画……"无"倒逼了"有"，学生在"零"班费的情况下不仅布置出了诗意的班容班貌，而且还正常运作了班级活动。其中的过程不仅践行了节约，更重要的是延展了自己的创意。

一周生活费 80 元够不够？

一位学生在周记里向我诉苦："每周只有 80 元零花钱，叫我怎么活？"我批注："试试看！说不定可以！"这是一位很内向的学生，但是每次周记写得很翔实，很有见地。他习惯在周记中和我交流。学生零花钱的使用一直是一个问题。有的学生周末到酒店里打工挣了 100 元，但是第二天就花光了。

我想到过赞助这名只有 80 元钱的学生，但这对他生活管理能力的提高是有弊端的。隔了一天，我找到他，问他："怎么样？"他尴尬地说："没事，我到同学那里借了 100 元。"我没再言语。不过第二个礼拜，他兴奋地在周记里告诉我说："老师，我这星期只花了 80 元不到。"我很欣慰，学生在经历中慢慢懂得了如何善用金钱。

能不能两人一个工位？

高二第三学期末，学校组织分流考试，我们班有几位想参加高考的学生要被分流到就业班。我一直认为参与高考是学生的权利，学生有参考的愿望我们就应当尊重。在我的力保下，我们班这几位学生都留了下来。但是这样一来，热菜课少了 6

个工位。怎么办？

  我咨询了专业好的学生的意见以后就建议："有12名同学得两两搭配，技能好的同学和技能薄弱的同学一组。但是我不能强制谁和谁搭配，你们自己试试看！"学生很快根据以往成绩情况自己做了组合搭配，他们的合作互助让我感动。6名技能好的学生自愿找技能相对薄弱的同学合作，开始两个人一个工位的实训。曾经有学生向我提议给自愿组合的同学加德育分，我没有采纳，因为德行事实上是很难量化的。给愿意组合和帮助同学的学生加分，不仅把学生很本真的善行功利化，还会强化技能薄弱学生的自卑感，这是我不愿意看到的。我希望看到的是我们班的同学互相包容，互相提携，共同成长。高二下学期，我们班虽然形成组合的时间不长，但是学生之间互相谦让帮助，关系融洽。最终，学生全部顺利通过了烹饪中级技能等级考试。

  很多时候，"试试看"意味着创新，意味着突破。作为教育工作者的我们，除了要给学生做行为规范上的引领，更重要的是引领学生树立正确意识，给他们架设创新平台。

班主任心语

  班主任工作经历是美好的，是幸福的。我们在学生成长的花季与他们相遇，从相识到相知，从稚嫩到成熟。

在二十六年的教学生涯中，我带过中西面点班、宾馆服务班、现代文秘与企业管理班、烹饪管理班和商务助理班等。不同专业的学生有不同的专业特质和不同的职业理想，但是共同的是他们都是成长中的个体，他们有热情也有迷惘，有憧憬也有失落。班主任是学生的成长导师，班级是学生成长的幸福家园。在班级里，师生共同经营成长的幸福，传递成长的美好！

周　岚

温州市中等幼儿师范学校德育副校长，浙江省特级教师、正高级教师，浙江省中职德育学科教研大组理事。曾获全国模范教师、全国中小学优秀德育课教师、全国教育系统巾帼建功标兵等荣誉称号。

学生，会自己成长

林志超

学生在成长过程中，某一时刻出现了问题，碰到了障碍，很多家长和班主任就着急去解决，解决当中遇到了困惑时，就显得很焦虑，甚至不知下一步该怎么办。是否可以不着急于解决，而是静静地等待，让学生自己感悟，学着自己成长？请看下面我工作中遇到的一个例子。

"林老师，我班的小泊又逃课了。"电话中的陈老师显得非常着急。

听陈老师说，她为这个五年级的孩子操碎了心，平时对他很关心，他的父母更是严于管教，可他倒好，稍有不满，就大发脾气，甚至做出格的事。

这次逃课，是数学课上，老师发现他转头跟同学讲话，提醒他不要影响其他学生，他不服气，说数学老师语气不好，就冲出教室了。

陈老师找他，他就远远地站着，你向前走两步，他就跑两步，实在非常无奈。后来，他就一个人在操场溜达着。见我过去，他没有逃避，跟我来到了办公室。

"能不能把整件事的过程讲给老师听听？"我问。

小泊说："我只想向后面的同学借一支笔，数学老师就批评了我。"

"那你解释了吗？"我问。

"解释什么呀？每次都这样，不分青红皂白就批评我，我就当着他的面逃。"小泊无奈的语气中带着一些挑衅。

"需要说明一下，老师在课堂上提醒你，甚至批评你，一定是有原因的，这个你应该懂吧！"

"是的，他们都以为我在做小动作，其实我没有。"

"既然是一个误会，你可以解释。"

"不。"

"你不解释，那就意味着误会会更深，这个道理你该懂吧！"

"道理，我听多了，他们讲的我都不想听。"

"他们？都有谁呢？"

"老师、爸爸妈妈呗！"

"爸爸妈妈也经常跟你讲道理吗？"

"是呀！他们都在讲一些废话。什么事情让我自己去做就是了，干吗讲那些大道理？"小泊似乎有点愤愤不平。

我让小泊谈谈具体事情，小泊记不清每一件事的细节，不过，他说自己不管做什么事情，不管对错，父母总是凡事必究。现在老师也这样，很多事情做得对，也要叨念几句，提醒小泊怎样做才会更好，如果做错了，自然要教育一番。

看来，家庭教育过于严格，未能适当放手，是导致小泊对抗师长，随意发泄自己脾气，而不能很好进行自我控制的一个重要原因。

事后，向陈老师了解情况，发现的确如此。小泊的家长非常关心小泊的学习和成长，也总是叮嘱老师们也要关注小泊的一举一动。现在小泊变成这样，父母痛心疾首，后悔在他更小的时候没有监督到位。

"做父母的给自己孩子讲讲道理，是他们的义务，也是他们的职责所在，你为什么这么反感呢？"我继续问。

"其实，有的错我自己知道，老师和爸爸妈妈非要指出来，我觉得非常憋屈，有时就故意犯错。"

"你的意思，老师和父母什么也不说，你自己能改正喽？"

"当然可以。"小泊无奈中带着一种坚定。

"首先是别逃课，不管你有多对，逃课本身就是错误。当老师和父母指出你的错误时，你若觉得冤枉或感到委屈，你可以事后再跟老师沟通解释，若自己讲不出口，可以让同桌或其他好朋友帮助做解释。"

小泊的神态似乎释然很多，沉默了一会儿，他点了点头。之后，我和小泊做了一个约定，小泊需要尽量控制好上课的行为。

接着，我跟老师和父母分别进行了沟通，让他们尽量不要干涉小泊的"正常行为"。一段时间过去，发现小泊没有再逃出课堂，跟老师和父母的相处也融洽了许多。

想起很久以前的一件事：我让女儿做一份思维训练的答卷，她为了尽快做好，事先把参考答案写在草稿上，然后装模作样地写了一会儿，把答卷给我，全对。我说："想看看你的思考过程。"她犹犹豫豫地拿来草稿，我翻了一下，看到她写在草稿上的答案，也瞟到她脸上飘过一丝慌张。我说："我不仅想看你最终的答案，还想看看你是否真正理解，而这是最重要的，只知道答案，而不知道如何思考，意义不大，我希望下一次，必须有完整的思考过程，过程分析还能让我看懂或者听懂。"我善意地给了她一个台阶下，她小脸绯红地走了。接下来，她在学习过程中，再也没有出现类似的事件。

确实，学生在成长和学习过程中，会出现不同的"错误"。对待孩子的成长，关注过多，细究每一个细节，不容任何一个小错误，不给孩子半句辩解的机会，势必会造成孩子的对抗，也让孩子失去了自我反省、自我纠错和自我感悟的机会。学生的成长过程，本来就是一个犯错、纠错、再错、再纠错的过程。错，是因为他们不解；纠错，是为了让他们吸取教训，将来不再犯错。可若能启迪学生自我纠错，则不仅能让学生在这个过程中明白道理，减少犯同样错误的概率，还能增长见识，丰富人生阅历。

毕竟，学生会自己成长。

班主任心语

回首二十多年的教育生涯，我赫然发现，自己当初只是非常偶然地成为一名教师，却成为了一位位学生生命成长的奠基人。而每一位学生又是那么独特，个体之间的巨大差异，考验着我们教育的智慧和艺术。

学生的任何表现，只是成长的阶段性表现，成长没有好坏之分，不过快慢而已。因此，我们的教育需要"多一些耐心，多一些智慧，多一些仁爱，多一些艺术"，构建一个和谐、温馨的教育环境，走进每一位学生的心灵，用爱心去唤醒爱心，引领学生快乐成长。努力让每一位学生拥有幸福，感受幸运，获得润泽生命的成长，把那个"偶然"变成一种"幸运"，让每一位学生成为幸运儿。

林志超

浙江省教育厅教研室附属小学副校长、浙江省德育特级教师、全国优秀教师、班主任"国培计划"专家。致力于学生问题艺术化教育研究，课题曾荣获浙江省教育科研成果一等奖，并获教育部重点课题立项。著有《从班会课到成长课程》《教师艺术应对学生问题36记》等多部专著。

有一种"官",叫"倒茶官"

曹海棠

有一种"官",叫班长,历来都是最抢手、竞争最激烈的。

有一种"官",叫劳动委员,往往都是受冷落的,没人想当的。

有一种"官",叫"倒茶官",听说过吗?是不是挺新鲜,挺稀奇的?这个"官"出自瑞安市塘下镇中心小学,发明者是三年前还在二(4)班的小朋友们。

想当"官"先演讲竞选

在我们的语文课本上有这么一篇文章——《我选我》。文中的王宁在竞选时勇敢自信地推选自己,这样的勇气,当然要学习;王宁要当干最脏最累的活儿的劳动委员,有这样的精神,当然能选上;王宁热爱劳动,关心集体,这样的付出,当然要赞美。

可是，这文章还不够好玩。我要让我们的班干部竞选变得好玩起来，让小朋友都能上台大胆自信地说出自己的特点，说出自己的想法。

首先要给小朋友一个"示范"。我补充了一个绘本故事《我选我自己——动物们的选举》。这个绘本很有意思，动物们为了当上国王，各自制作海报介绍自己，发表演讲争取选票。我设计了一份竞选单，告诉小朋友：花花里面写上你的大名，或是画上自己的小脸蛋；竞选什么岗位，写在横线上；"我的特点"里，狠命地夸，把自己的优点、特长全写上；"如果我是"一栏，要多说自己会怎么做……

给小朋友一个"平台"，让他们大胆上台。课上，小朋友写好竞选单，再利用周末两天时间好好练一练演讲。周一竞选演讲时，我不会让小朋友一个一个讲，而是一群一群讲。勇敢者先上，问他竞选什么职务，如果他说要竞选图书管理员，那好，先等一等，不急着演讲，让竞选这个职务的小朋友都上台，并排站，轮着讲。这样一来，胆小的有人陪，不怕了；胆大的有对手，要使劲。一起讲，竞选形势明确，选一个是一个，不重复。这样一来，也有比较，适合的当选，不适合的马上换。我会对落选的小朋友说："这个'官'你落选了，没关系，你可以竞选其他'官'，好吗？"这样一来，下一个岗位的竞选演讲就又开始了。

人人都是"官"都有事

我们班40位小朋友,每位小朋友都要当上"官",不能落下一个人。每位小朋友还要有实实在在的事可做,"官位"不能形同虚设。这就需要40个务实的岗位!我懒,不想多费脑。写竞选单前,我说:"小朋友们,我们班有哪些事需要做?有哪些'官'需要设立?"

"作业需要交。"好的,负责收作业的来4位。

"电灯、电风扇要关。"好的,管电的来1位。

"早上要有人领读。"好的,领读员来2位。

"做操排队需要人管。"好的,领队来1位。

"吃饭要人管。"好的,就餐管理员来2位。

"牛奶要有人分。"好的,牛奶管理员来2位。

……

图书管理员、作业登记员、课间管理员、眼操管理员、领唱员、班长等,这些常见的"官"一一说完后,我又说:"曹老师爱干净,每次写完粉笔字后就想洗个手,怕改作业时弄脏你们的本子,可是洗手间那么远,那么远,那么远,上课时间又不能跑出去,怎么办才好呢?"

"提一桶水放在教室里。"这个好,提水员来2位。

"曹老师，洗了手要擦干的，可以挂一条毛巾在教室里。"这个好，毛巾管理员来1位。

"我们再找找看，还有哪里被我们遗忘了？"

我沿着教室四周慢慢走。小朋友很聪明的，个个眼尖耳明。

我走到垃圾桶边上，有人叫："垃圾桶要有人管。"好的，垃圾桶管理员来1位。

我走到后面椅子边，有人叫："小椅子需要人摆。"好的，椅子管理员来1位。

我走到卫生角那里，有人叫："卫生角要摆放好。"好的，卫生角管理员来1位。

我无意间喝了口茶，有人叫："帮曹老师倒茶。"听到这句话，我惊呆了：这个也是"官"？而且是个叫人温暖、让人幸福的"官"！好，倒茶员也来1位。

……

就这样，"官"位越来越多，"官"事也越来越有意思，倒茶员、浇花员、黑板管理员、喇叭管理员等一一冒了出来。小朋友下笔写竞选单时，就很带劲了，专找那些稀奇古怪的"官"来当，可能是因为好玩，也可能是因为新鲜。不管啦，人人是"官"，人人有事可做就好。

当然，那些受欢迎的、抢手的"官"位，我们也是需要调整的。比如，班长这"官"，7位小朋友竞选，我们就选5位，周一到周五一天1位,剩下2位换其他岗位。再如,倒茶员,每位教师都配1位,课前满上一杯热茶放在讲台桌前,让教师的幸福指数瞬间飙升。

坚持做就是个好"官"

就这样,每位小朋友都如愿地当上了"官",都光荣地上了岗。我要做的就是让小朋友坚持做下去,做好这件事。哪怕是每天只负责换个垃圾袋的垃圾桶管理员,我也要让他知道,这个岗位是很神圣的,坚持做好就是最优秀、最好的"官"。

上任那天,我对所有小朋友和家长说:"我们班的'官'没有大小之分,坚持做好管好,这才是我们最需要的!做不好,提醒3次以上,会被免职;做得好,每个月工资10元(班币,存在每个人的班级银行账户上);做到人人夸,还可以获得表扬信一封。"

上任初期,我每天都观察,都"夸张"地公布:哪件事做好了,哪个"官"干得卖力了,哪个"官"拖拉了。夸奖、鼓励、表扬信、提醒轮番上阵,随时关注,随时提醒,让小朋友知道——"我做的,我努力的,曹老师都看得到"。

一个月后,39位继续连任,1位图书管理员被免职,第二天换岗位负责挂书(把小朋友"出"的书挂在书墙上),成为挂书员。

一个学期后，班长这个"官"就没人要当了，因为没事可做，没人可管。

三年来，我们班不断有新的"官"出现，每个小朋友都没闲着。我变出花样让他们期待着，忙碌着，为班级服务。他们一个个也渐渐变得能干起来。

班主任心语

做班主任最有意思的事就是有一群孩子跟着你一起玩乐，一起创新有趣好玩的班级制度、班级活动，大家铆足了劲往一个方向努力，阳光、乐观……那时，我们最开心！做班主任最有成就感的事就是看着一个个孩子在我们热情与爱的引导下一点点成长，一点点开花，那时，我们最幸福！

曹海棠

杭州市时代小学语文老师。曾获全国第二届群文阅读教学设计大赛特等奖、温州市优秀班主任称号。编著《课文里的写作密码》（12册）、《绘本里的写作密码》（3册），专注于小学群文阅读与创意读写课程的探索与实践。

做一根点亮光明的火柴

陈建仁

我已担任二十多年的班主任。对于班主任工作，要说有什么心得，那就是要在班级自主管理上下功夫。

自由"组阁"，轮流"执政"，培养责任意识

我把全班48位学生分成4个班委，每个班委由一位总负责人牵头自由"组阁"，轮流分批管理。管理内容囊括纪律（课堂纪律、自习课纪律、考试纪律、课间纪律等）、作业（课堂作业、家庭作业等）、千分制竞赛（出勤、仪表、广播操和眼保健操、卫生、班报等）等几项内容。每个班委要逐项确定管理条例，并做出书面承诺，4个班委以周为单位进行"轮流执政"，每月一循环。每周一，由老师和同学们给上周的班委打分。一个月之后，4个班委进行评比，评出最出色的班委和最突出的管理能手，并给予奖励。

互学互比，取长补短，造就互助精神

一是学习合作社。成绩相当、兴趣相近的5名学生组成一社，从周一到周五，一人一天，轮流负责，组织社员学习讨论，检查学习效果。教师捕捉契机，适时参与其中，检查指导，推广亮点。二是结对助学。针对学习较为吃力的学生，引导优秀学生自愿与之结对，签订助学协议，认真开展帮学。三是专科领学。对有专科特长的学生，鼓励他们担任专科辅导员，给同学们指点迷津、答疑释惑。每天给同学们出一两道思考题，第二天利用空余时间给同学们详细解答。四是经验交流。每半个学期举行一场学习经验交流会，由学有所长的学生介绍自己学习的成功经验。

巧搭舞台，丰富活动，增强班级凝聚力

每个学期，我都会根据学生的爱好和需求，有计划地安排各项多姿多彩的课余活动，让学生的能力在活动中得到培养，身体素质得到锻炼，团队精神得到滋长。如利用课前两分钟的预备铃时间，进行轮流演讲；让学生自己主持班会，管理人员全部上台汇报各项工作；每天中午自修前由学生轮流讲一个

"影响自己人生的故事";每天下午放学前跑步、跳绳;每学期举行一场辩论赛和演讲赛;开展周一读书日活动;学生自己组织家访;组织学生自己写评语;每学期组织一至两次的征文比赛;每学年组织一次班级体育比赛。

"小鬼"当家,感受关爱,成立课外活动俱乐部

我的班级会成立学生课外活动俱乐部,内设安全部、纪检部、爱心部、财务部、后勤部等。每学期至少组织一次大型的校外活动,如永嘉书院野炊活动、楠溪江春游活动、电视塔登山比赛、参观上海世博会、游览杭州野生动物园、宋城、西湖、瑶琳仙境和厦门等。每次活动都涌现出许多感人事迹。从发起到学生对家长的动员工作,从全体家长和家长代表会议的召开到学生小组负责人和家长负责人的推选,从住宿房间的分配到爱心小组的成立与工作开展等,都让班里每位学生的组织管理能力和亲如一家的互帮互助思想展现得淋漓尽致。回来后,每一个学生书写旅行之感想,切身体会来自兄弟姐妹的帮助,来自老师和家长的关爱。

允许犯错，共同解决，撰写"十万个怎么办"

犯错是孩子成长过程中必不可少的。如何通过与孩子平等对话，妥当有效地处理才是我们班主任需要思考的。"把握学生犯错之时，正是促进他成长之机。"人往往在"出事"的时候最愿意改变或最容易接受别人的影响。

我班有一项一直采用的措施，效果出奇地好，就是当一名学生犯错的时候，当天的负责人就会布置给他一项特殊的作业，让他撰写文章，就当天发生的事谈想法，并思考"我该怎么办"。第二天上讲台给大家朗读他撰写的文章，接受全班同学的审核、建议，回去再根据同学的建议重新修改，直到全班同学满意为止。文章最后在班级专栏上展示。这样既可以让犯错的孩子进行彻底反思，也可让其他同学借鉴，还能作为全班同学处理问题的教材，一箭三雕。

闪耀亮点，自我激励，汲取成长能量

成功的快乐是一种巨大的向上力量，缺少了这种力量，教育上的任何措施都将无济于事。我制订了学生成长表，每周一张，目的在于让学生每天都能创造一次成功。每个同学的目标各有不同。

从未学过声乐、不太自信，却承担起全班大合唱领唱和双人唱的任务的陈俞谕和卢婧然给自己定的目标就是，每天上讲台为大家高歌一曲；贪睡的陈同学给自己制订的目标就是每天提早5分钟到校；丢三落四的鸿则希望自己别把作业本等东西落在家里；记忆力欠佳的豪只希望每天英语听写能顺利通过。我班还设立了"班级功臣榜"，让每个学生都把自己"最得意"的一面展现在集体面前，体验到胜利的喜悦，获得成长的精神能量。

陈建仁

浙江省特级教师、正高级教师，浙江省师德楷模，温州市首届师德楷模，浙江省春蚕奖获得者，浙江省中小学班主任工作室领衔人，部级德育评审专家，温州市名班主任，全国首届校园文学创作成果一等奖获得者。在全国各大刊物上发表大量文章，出版专著《让心灵洒满阳光》。

附录

给名班主任待遇，搅动"一池春水"？

记者 黄莉萍 通讯员 李 宁

获得"名班主任"称号的教师，可享受和市级名师同等的待遇。最近，宁波市首届名班主任评选工作的宣布启动引来了当地教育界特别是教师们的高度关注。

"名班主任评选开辟了与学科专业相当的评比通道，这是对广大班主任辛勤付出的最高认可。作为一名基层的校长，听到这个好消息，非常振奋。"宁波国家高新区实验学校校长罗树庚认为，这能进一步缓解教师不愿当班主任的现象。

让名班主任也能享受相应的待遇。近几年，随着全省育人工作的不断推进，我省各地纷纷加大了优秀班主任、名班主任的队伍建设，一些县区（市）甚至将"名师名校长"（"两名"）工程变成"名师名校长名班主任"（"三名"）工程。

"这些政策的出台，对于德育工作的落实，是很有效的举措。"中国教育学会班主任专业委员会副主任委员、浙江省德育特级教师韩似萍认为，应进一步研究培养并发挥名班主任的后效应，积极探索对大多数普通班主任的有效培养机制，才能让更多的孩子受惠。

和名师、名校长"站"在一起

宁波市日前已经正式启动的班主任评选工作将实行严格的评选机制，对名班主任的申报条件，从师德、业务能力、工作业绩等几个方面，做了明确要求。

"师德"是一个重要的考量标准，要求班主任不仅要热爱教育事业，热爱班主任工作，还要获得学生和家长较高的认可度，并对违背师德师风的班主任实行一票否决。

除了要守住"师德"底线，此次评选还有不少"硬杠杠"，包括累计担任班主任工作十二年及以上，所带班级获得过县（市）区级及以上优秀班集体、先进少先队（团支部）等荣誉……"我们通过名班主任评选，把全市班主任工作年限久、师德师风好、区域内影响力强、各方认可度高的优秀班主任推送出来，进而进一步带动全市中小学班主任整体素质的提高。"宁波市教育局宣德处处长陈伟军介绍。

此前，宁波不少县（市）区教育局已经开展了名班主任评选工作，从班主任地位提升、专业发展和待遇保障等方面，加强班主任队伍建设。2010年,北仑区教育局通过评选区首批名班主任,让名班主任享受学科骨干教师同等待遇,要求名班主任承担学校班主任培训和德育课题研究任务,每年出一个以上研究成果等。2014年开始,江东区教育局重点培养30名左右区班主任带头人及名班主任,享受区学科骨干及名师同等的人才奖励津贴待遇。

而在我省的其他地市,也有不少开始了名班主任培养工程等的探索。2009年,嵊州市发布了名班主任培养工程实施方案,确定名班主任和名师有着同样的权利和义务。同年,在评选了第三届温州市名班主任后,温州市教育局决定给原本只有荣誉称号的名班主任予以市级名师同等的人才奖励津贴待遇。

享受同等待遇 更要"定制"培养

"我们通过派出去、请进来等方式,专门为名班主任定制了发展计划。"嵊州市教师进修学校副校长裘润潮告诉记者,周期为5年的名班主任培养工程能得以顺利实施,很大程度上得益于当地政府每年100万元的专项资金,"如今,培养出来的几十名名班主任纷纷成立工作室,带动着全市的骨干班主任队伍建设"。

"那是让人怦然心动、内心澎湃的魅力培训。"几年后，省德育特级教师、苍南县龙港潜龙学校班主任林志超依然念念不忘那两年让他"起飞"的培训岁月。

2010年10月，温州市首届名班主任高级研修班开班，23名温州市名班主任成为了学员。培训第一天，温州市教师教育院班主任师训员、培训班班主任曾蓉蓉让学员们制订一个自己的目标。来自农村学校的林志超很豪放地宣告："我要成为特级教师！"

实际上，这个让他事后觉得有些脸红的目标几年后成为了现实。在这一期的研修班中，逐渐走出了2名省德育特级教师、多名长三角地区班主任基本功大赛一等奖获得者和省班主任基本功大赛一等奖得主。就在2012年年底研修班结业时，学员们已经出版专著5本，确立课题36项，发表论文90篇。"23名学员分成5个小组，由5名导师形成的导师团进行联合加分头式的指导。"曾蓉蓉介绍，两年来，研修班采取研训一体的培训方式，通过深度研判、课题跟进和博客跟踪等让学员"停不下思考的脚步"，"学员们的读书笔记、教育叙事、实验心得、案例分析等都全程直播"。实际上，各种形式的导师跟岗实践指导，和当地教育部门"专门创造"的两年60多场的各种论坛展示都将学员们"逼上"卓越之路。

5位导师，都赫赫有名：浙江师范大学教授、特级教师蔡伟，浙江师范大学教授、特级教师姜根华，全国功勋教师、特级教师徐锦生，象山中学副校长、政治特级教师金依平和有"江南魏书生"之誉的桐乡三中教师朱永春。

如何更有效激发班主任的专业发展

"在班主任专业梯队建设还不是特别健全的前提下，每3年评选出20名名班主任，这在当年是下了很大决心的事情。"采访中，温州市教师教育院书记张新强很自豪地回忆起当年曾经有过的"纠结"，"刚开始，要凑齐20名名班主任有些勉强，但勉强也要上，重点是激励和带动作用，怎么让名班主任更'名'，关键还是后续的培养和引导"。实际上，到2016年评选第五届名班主任之时，张新强感慨，"三名"工程中，效果最明显的是名班主任工程，"现在你能看到名班主任队伍'群星璀璨'及他们对而后的骨干班主任、普通班主任队伍建设的超强大辐射作用"。

班主任是学生人生的导师。评选名班主任，目的是让这些优秀班主任更好地做好育人工作，带动更多的班主任走向优秀人生导师的队伍。2009年，温州市在给予名班主任待遇的同时，要求名班主任成立工作室，并对名班主任及其工作室进行严格的考核。"评审、培养、辐射和考核，这些都是配套进行的。"张新强介绍,考核结束,坚守在班主任岗位上的、考核优秀的名班主任会得到额外的奖励,而不合格者无奖励,两次不合格直接取消称号。

同样,宁波市名班主任评选办法中也显示,将对在岗的名班主任每3年进行一次考核,考核合格者才能继续享有名班主任称号及待遇。"名班主任必须发挥示范、引领和辐射作用。"陈伟军介绍,在对名班主任的考核中,名班主任对班主任队伍建设的引领作用占了不小的份额。

"评名班主任只是其中的一个手段,对于教育管理部门来说,建立一个梯队完整的班主任队伍是迫切的需要。"北仑区教育局团工委书记吴东平告诉记者,该区已逐渐形成新秀班主任、骨干班主任、名师班主任的梯队评选,"我们还计划出台'升级版'——评选功勋班主任,希望能鼓励更多的优秀班主任长期坚守在班主任的岗位上"。

同时,为了破解班主任日常管理工作中烦杂难问题,北仑区不少学校开始尝试班级导师制,让一个班级同时拥有班级导师、学术导师和生活导师。"班级导师相当于班主任,而生活导师和学术导师的工作经历也可以按比例折合成班主任的工作经历,这样既减轻了班主任的工作压力,又能让更多的年轻教师加入到班级管理的队伍中来。"吴东平介绍,以前班主任们参与培训的响应度不高,要么因为班级事务腾不出身,要么因为看不到发展而积极性不够,"现在班主任们都觉得培训是给他们最大的福利"。

对此,从事了多年教师培训工作的浙师大教师教育学院教授蔡伟深有体会:"参训者的真诚、进取心,比任何一种培训都重要。参训者动力源远远比他自身的素养、能力更重要。"蔡伟分析,教师队伍中有约20%的教师有着强烈的学习欲望,而大多数教师因为自身或其他种种原因,其学习热情需要有外力去激发,"如何点燃这占大部分的教师们持续学习的强烈愿望,需要各方搭建平台,更需要教育管理部门的不断探索创新"。

"培养、奖励名班主任是非常好的导向,同时更要加强对一般班主任的培养,让培养机制健全起来。"韩似萍认为,如今教育部门对班主任的职后学习并没有硬性的规定,同时可供班主任们选择的、有针对性的专业培训还远远不够。"班主任培训并不需要去追求学太高大上的、太多的技艺,或者是特殊的、没有普遍意义的经验,而应让班主任真正掌握班主任工作的客观规律,真正读懂孩子成长的过程。"韩似萍建议,各地教研部门可以带领班主任们重温《儿童发展心理学》《教育心理学》,"如今站在教师的角度重新读一遍,在基层教研员的指导下,和实践工作建立联系去重温这两本书。"韩似萍认为,这是目前很多班主任的迫切需要,"读不懂学生,总把学生正常的行为认为是非正常,是现在很多班主任焦虑的真正原因。"

(2016年11月18日首发于《浙江教育报·教师周刊》1版)